臨穴指南選註

心一堂術數古籍整理叢刊・堪輿類

章仲山　原著
梁正言　選註

Śūnyatā

書名：臨穴指南選註
系列：心一堂術數古籍整理叢刊•堪輿類
作者：章仲山原著 梁正言選註
責任編輯：陳劍聰

出版：心一堂有限公司
地址/門市：香港九龍旺角西洋菜南街5號好望角大廈10樓1003室
電話號碼：(852)6715-0840
網址：publish.sunyata.cc
電郵：sunyatabook@gmail.com
網上書店http://book.sunyata.cc
網上論壇http://bbs.sunyata.cc/

版次：二零一七年一月初版
平裝

定價：港幣　二百五十八元正
　　　新台幣　九百九十八元正

國際書號　978-988-8317-36-3

香港及海外發行：香港聯合書刊物流有限公司
香港新界大埔汀麗路36號中華商務印刷大廈3樓
電話號碼：(852)2150-2100
傳真號碼：(852)2407-3062
電郵：info@suplogistics.com.hk

台灣發行：秀威資訊科技股份有限公司
地址：台灣台北市內湖區瑞光路七十六巷六十五號一樓
電話號碼：(886)2796-3638
傳真號碼：(886)2796-1377
網絡書店：www.govbooks.com.tw

中國大陸發行•零售：心一堂書店
深圳地址：中國深圳羅湖立新路六號東門博雅負一層零零八號
電話號碼：(86)0755-82224934
北京地址：中國北京東城區雍和宮大街四十號
心一堂官方淘寶：sunyatacc.taobao.com/

臨穴指南小序

古云地理之道看書不如覆墳多又云得法歸來好看書故巒
頭為體理氣為用然歷來談地理者巒頭有証竟作開場大旨
理氣無傳反笑愚惑之叱說人所共信殊不知名雖葬地實係
葬天地隨天轉艮不誣也近有時師共遵假捏三元之法某運
某向鐵板不易可發一笑要知元運元元各向可立蓋以砂水
峰巒應立本元何向方稱玄空秘旨奚如時師在夢說三元之
法乎予既得其法又精參舊地運會胸中是以登地觀局勢必

《臨穴指南》原本（虛白廬藏足本）

石塘灣孫　二運子山午向

庚酉辛大塘河水自坤離巽震復轉辰巽消出其坎方直浜當背冲來龍氣模糊有似兑來有自離方過河而來核問諸師皆不知主何龍脈但知葬後本身發有五六十萬地之佳美在一水得神閱地者可不細心耶

《臨穴指南》原本(虛白廬藏足本)

目錄

心一堂術數古籍珍本叢刊總序

整理

術數定義

術數，大概可謂以『推算（推演）或預測人（個人、群體、國家等）、事、物、自然現象、時間、空間方位等規律及氣數，並或通過種種「方術」，從而達致趨吉避凶或某種特定目的』之知識體系和方法。

術數類別

我國術數的內容類別，歷代不盡相同。例如《漢書・藝文志》中載，漢代術數有六類：天文、曆譜、五行、蓍龜、雜占、形法。至清代《四庫全書》，術數類則有：數學、占候、相宅相墓、占卜、命書、相書、陰陽五行、雜技術等。其他如《後漢書・方術部》、《藝文類聚・方術部》、《太平御覽・方術部》等，對於術數的分類，皆有差異。古代多把天文、曆譜、及部份數學均歸入術數類，而民間流行亦視傳統醫學作為術數的一環。此外，有些術數與宗教中的方術亦往往難以分開。現代學界則常將各種術數歸納為五大類別：命、卜、相、醫、山，通稱『五術』。

本叢刊在《四庫全書》的分類基礎上，將術數分為九大類別：占筮、星命、相術、堪輿、選擇、三式、讖諱、理數（陰陽五行）、雜術（其他）。而未收天文、曆譜、算術、宗教方術、醫學。

術數思想與發展——從術到學，乃至合道

我國術數是由上古的占星、卜筮、形法等術發展下來的。其中卜筮之術，是歷經夏商周三代而通過『龜卜、蓍筮』得出卜（筮）辭的一種預測（吉凶成敗）術，之後歸納並結集成書，此即現傳之《易經》。經過春秋戰國至秦漢之際，受到當時諸子百家的影響、儒家的推祟，遂有《易傳》等的出現，原本是卜筮術書的《易經》，被提升及解讀成有包涵『天地之道（理）』之學。因此，《易・繫辭傳》曰：『易與天地準，故能彌綸天地之道。』

漢代以後，易學中的陰陽學說，與五行、九宮、干支、氣運、災變、律曆、卦氣、讖緯、天人感應說等相結合，形成易學中的象數系統。而其他原與《易經》本來沒有關係的術數，如占星、形法、選擇，亦漸漸以易理（象數學說）為依歸。《四庫全書・易類小序》云：『術數之興，多在秦漢以後。要其旨，不出乎陰陽五行，生尅制化。實皆《易》之支派，傅以雜說耳。』至此，術數可謂已由『術』發展成『學』。

及至宋代，術數理論與理學中的河圖洛書、太極圖、邵雍先天之學及皇極經世等學說給合，通過術數以演繹理學中『天地中有一太極，萬物中各有一太極』（《朱子語類》）的思想。術數理論不單已發展至十分成熟，而且也從其學理中衍生出一些新的方法或理論，如《梅花易數》、《河洛理數》等。

在傳統上，術數功能往往不止於僅僅作為趨吉避凶的方術，及『能彌綸天地之道』的學問，亦有其『修心養性』的功能，『與道合一』（修道）的內涵。《素問・上古天真論》：『上古之人，其知道者，法於陰陽，和於術數。』數之意義，不單是外在的算數、歷數、氣數，而是與理學中同等的

『道』、『理』——心性的功能。北宋理氣家邵雍對此多有發揮：『聖人之心，是亦數也』、『萬化萬事生乎心』、『心為太極』；《觀物外篇》：『先天之學，心法也。……蓋天地萬物之理，盡在其中矣，心一而不分，則能應萬物。』反過來說，宋代的術數理論，受到當時理學、佛道及宋易影響，認為心性本質上是等同天地之太極。天地萬物氣數規律，能通過內觀自心而有所感知，即是內心也已具備有術數的推演及預測、感知能力：相傳是邵雍所創之《梅花易數》，便是在這樣的背景下誕生。

《易・文言傳》已有『積善之家，必有餘慶；積不善之家，必有餘殃』之說，至漢代則流行災變說及讖緯說。我國數千年來都認為天災，異常天象（自然現象），皆與一國或一地的施政者失德有關；下至家族、個人之盛衰，也都與一族一人之德行修養有關。因此，我國術數中除了吉凶盛衰理數之外，人心的德行修養，也是趨吉避凶的一個關鍵因素。

術數與宗教、修道

在這種思想之下，我國術數不單只是附屬於巫術或宗教行為的方術，又往往是一種宗教的修煉手段-通過術數，以知陰陽，乃至合陰陽（道）。『其知道者，法於陰陽，和於術數。』例如，『奇門遁甲』術中，即分為『術奇門』與『法奇門』兩大類。『法奇門』中有大量道教中符籙、手印、存想、內煉的內容，是道教內丹外法的一種重要外法修煉體系，甚至在雷法一系的修煉上，亦大量應用了術數內容。此外，相術、堪輿術中也有修煉望氣（氣的形狀、顏色）的方法；堪輿家除了選擇陰陽宅之吉凶外，也有道教中選擇適合修道環境（法、財、侶、地中的地）的方法，以至通過堪輿術觀察天地山川陰陽之氣，亦成為領悟陰陽金丹大道的一途。

易學體系以外的術數與少數民族的術數

我國術數中，也有不用或不全用易理作為其理論依據的，如揚雄的《太玄》、司馬光的《潛虛》。也有一些占卜法、雜術不屬於《易經》系統，不過對後世影響較少而已。

外來宗教及少數民族中也有不少雖受漢文化影響（如陰陽、五行、二十八宿等學說）但仍自成系統的術數，如古代的西夏、突厥、吐魯番等占卜及星占術，藏族中有多種藏傳佛教占卜術、苯教占卜術、擇吉術、推命術、相術等；北方少數民族有薩滿教占卜術；不少少數民族如水族、白族、布朗族、佤族、彝族、苗族等，皆有占雞（卦）草卜、雞蛋卜等術，納西族的占星術、占卜術，彝族畢摩的推命術、占卜術……等等，都是屬於《易經》體系以外的術數。相對上，外國傳入的術數以及其理論，對我國術數影響更大。

曆法、推步術與外來術數的影響

我國的術數與曆法的關係非常緊密。早期的術數中，很多是利用星宿或星宿組合的位置（如某星在某州或某宮某度）付予某種吉凶意義，并據之以推演，例如歲星（木星）、月將（某月太陽所躔之宮次）等。不過，由於不同的古代曆法推步的誤差及歲差的問題，若干年後，其術數所用之星辰的位置，已與真實星辰的位置不一樣了：比如歲星（木星），早期的曆法及術數以十二年為一周期（以應地支），與木星真實周期十一點八六年，每幾十年便錯一宮。後來術家又設一『太歲』的假想星體來解決，是歲星運行的相反，週期亦剛好是十二年。而術數中的神煞，很多即是根據太歲的位置而定。又如六壬術中的『月將』，原是立春節氣後太陽躔娵訾之次而稱作『登明亥將』，至宋代，因歲差的關係，要到雨水節氣後太陽才躔娵訾之次，當時沈括提出了修正，但明清時六壬術中『月將』仍然沿用宋代沈括修正的起法沒有再修正。

由於以真實星象周期的推步術是非常繁複，而且古代星象推步術本身亦有不少誤差，大多數術數除依曆書保留了太陽（節氣）、太陰（月相）的簡單宮次計算外，漸漸形成根據干支、日月等的各自起例，以起出其他具有不同含義的眾多假想星象及神煞系統。唐宋以後，我國絕大部份術數都主要沿用這一系統，也出現了不少完全脫離真實星象的術數，如『子平術』、『紫微斗數』、『鐵版神數』等。後來就連一些利用真實星辰位置的術數，如『七政四餘術』及選擇法中的『天星選擇』，也已與假想星象及神煞混合而使用了。

隨着古代外國曆（推步）、術數的傳入，如唐代傳入的印度曆法及術數，元代傳入的回回曆等，其中我國占星術便吸收了印度占星術中羅睺星、計都星等而形成四餘星，又通過阿拉伯占星術而吸收了其中來自希臘、巴比倫占星術的黃道十二宮、四元素學說（地、水、火、風），並與我國傳統的二十八宿、五行說、神煞系統並存而形成『七政四餘術』。此外，一些術數中的北斗星名，不用我國傳統的星名：天樞、天璇、天璣、天權、玉衡、開陽、搖光，而是使用來自印度梵文所譯的：貪狼、巨門、祿存、文曲、廉貞、武曲、破軍等，此明顯是受到唐代從印度傳入的曆法及占星術所影響。如星命術的《紫微斗數》及堪輿術的《撼龍經》等文獻中，其星皆用印度譯名。及至清初《時憲曆》，置閏之法則改用西法『定氣』。清代以後的術數，又作過不少的調整。

陰陽學——術數在古代、官方管理及外國的影響

術數在古代社會中一直扮演着一個非常重要的角色，影響層面不單只是某一階層、某一職業、某一年齡的人，而是上自帝王，下至普通百姓，從出生到死亡，不論是生活上的小事如洗髮、出行等，大事如建房、入伙、出兵等，從個人、家族以至國家，從天文、氣象、地理到人事、軍事，從民俗、學術到宗教，都離不開術數的應用。我國最晚在唐代開始，已把以上術數之學，稱作陰陽（學），行術數者稱陰陽人（敦煌文書、斯四三二七唐《師師漫語話》：『以下說陰陽人謾語話』，此說法後來傳入日本，今日本人稱行術數者為『陰陽師』）。一直到了清末，欽天監中負責陰陽術數的官員中，以及民間術數之士，仍名陰陽生。

古代政府中的欽天監（司天監），除了負責天文、曆法、輿地之外，亦精通其他如星占、選擇、堪輿等術數，除在皇室人員及朝庭中應用外，也定期頒行日書、修定術數，使民間對於天文、日曆用事吉凶及使用其他術數時，有所依從。

中國古代政府對官方及民間陰陽學及陰陽官員，從其內容、人員的選拔、培訓、認證、考核、律法監管等，都有制度。至明清兩代，其制度更為完善、嚴格。

宋代官學之中，課程中已有陰陽學及其考試的內容。宋徽宗崇寧三年（一一零四年）崇寧算學

令：『諸學生習……並曆算、三式。』，『諸試……三式即射覆及預占三日陰陽風雨。天文即預定一月或一季分野災祥，並以依經備草合問為通』。

金代司天臺，從民間『草澤人』（即民間習術數之士）考試選拔：『其試之制，以《宣明曆》試推步，及《婚書》、《地理新書》試合婚、安葬，並《易》筮法，六壬課、三命、五星之術。』（《金史》卷五十一・志第三十二・選舉一）

元代為進一步加強官方陰陽學對民間的影響、管理、控制及培育，除沿襲宋代、金代在司天監掌管陰陽學及中央的官學陰陽學課程之外，更在地方上增設陰陽學之課程（《元史・選舉志一》：『世祖至元二十八年夏六月始置諸路陰陽學。』）。地方上也設陰陽學教授員，培育及管轄地方陰陽人（《元史・選舉志一》：『延祐初，令陰陽人依儒醫例，於路、府、州設教授員，凡陰陽人皆管轄之，而上屬於太史焉。』）。自此，民間的陰陽術士（陰陽人），被納入官方的管轄之下。

至明清兩代，陰陽學制度更為完善。中央欽天監掌管陰陽學，明代地方縣設陰陽學正術，各州設陰陽學典術，各縣設陰陽學訓術。陰陽人從地方陰陽學肆業或被選拔出來後，再送到欽天監考試（《大明會典》卷二二三：『凡天下府州縣舉到陰陽人堪任正術等官者，俱從吏部送，考中，送回選用；不中者發回原籍為民，原保官吏治罪。』）。清代大致沿用明制，凡陰陽術數之流，悉歸中央欽天監及地方陰陽官員管理、培訓、認證。至今尚有『紹興府陰陽印』、『東光縣陰陽學記』等明代銅印，及某某縣某某之清代陰陽執照等傳世。

清代欽天監漏刻科對官員要求甚為嚴格。《大清會典》『國子監』規定：『凡算學之教，設肄業生。滿洲十有二人，蒙古、漢軍各六人，於各旗官學內考取。漢十有二人，於舉人、貢監生童內考取。附學生二十四人，由欽天監選送。教以天文演算法諸書，五年學業有成，舉人引見以欽天監博士用，貢監生童以天文生補用。』學生在官學肄業、貢監生肄業或考得舉人後，經過了五年對天文、算法、陰陽學的學習，其中精通陰陽術數者，會送往漏刻科。而在欽天監供職的官員，《大清會典則例》『欽天監』規定：『本監官生三年考核一次，術業精通者，保題升用。不及者，停其升轉，再加學習。如能黽勉供職，即予開復。仍不及者，降職一等，再令學習三年，能習熟者，准予開複，仍不能者，黜退。』除定期考核以定其升用降職外，《大清律例》中對陰陽術士不準確的推斷（妄言禍福）是要治罪的。《大清律例・一七八・術七・妄言禍福》：『凡陰陽術士不許於大小文武官員之家妄言禍福，違者杖一百。其依經推算星命卜課，不在禁限。』大小文武官員延請的陰陽術士，自然是以欽天監漏刻科官員或地方陰陽官員為主。

官方陰陽學制度也影響鄰國如朝鮮、日本、越南等地，一直到了民國時期，鄰國仍然沿用着我國的多種術數。而我國的漢族術數，在古代甚至影響遍及西夏、突厥、吐蕃、阿拉伯、印度、東南亞諸國。

術數研究

術數在我國古代社會雖然影響深遠，『是傳統中國理念中的一門科學，從傳統的陰陽、五行、九宮、八卦、河圖、洛書等觀念作大自然的研究。……傳統中國的天文學、數學、煉丹術等，要到上世紀中葉始受世界學者肯定。可是，術數還未受到應得的注意。術數在傳統中國科技史、思想史，文化史、社會史，甚至軍事史都有一定的影響。……更進一步了解術數，我們將更能了解中國歷史的全貌。』（何丙郁《術數、天文與醫學中國科技史的新視野》，香港城市大學中國文化中心）

可是術數至今一直不受正統學界所重視，加上術家藏秘自珍，又揚言天機不可洩漏，『（術數）乃吾國科學與哲學融貫而成一種學說，數千年來傳衍嬗變，或隱或現，全賴一二有心人為之繼續維繫，賴以不絕，其中確有學術上研究之價值，非徒癡人說夢，荒誕不經之謂也。其所以至今不能在科學中成立一種地位者，實有數困。蓋古代士大夫階級目醫卜星相為九流之學，多恥道之；而發明諸大師又故為惝恍迷離之辭，以待後人探索；間有一二賢者有所發明，亦秘莫如深，既恐洩天地之秘，復恐譏為旁門左道，始終不肯公開研究，成立一有系統說明之書籍，貽之後世。故居今日而欲研究此種學術，實一極困難之事。』（民國徐樂吾《子平真詮評註》，方重審《序》）

現存的術數古籍，除極少數是唐、宋、元的版本外，絕大多數是明、清兩代的版本。其內容也主要是明、清兩代流行的術數，唐宋以前的術數及其書籍，大部份均已失傳，只能從史料記載、出土文獻、敦煌遺書中稍窺一鱗半爪。

術數版本

坊間術數古籍版本，大多是晚清書坊之翻刻本及民國書賈之重排本，其中豕亥魚魯，或而任意增刪，往往文意全非，以至不能卒讀。現今不論是術數愛好者，還是民俗、史學、社會、文化、版本等學術研究者，要想得一常見術數書籍的善本、原版，已經非常困難，更遑論稿本、鈔本、孤本。在文獻不足及缺乏善本的情況下，要想對術數的源流、理法、及其影響，作全面深入的研究，幾不可能。

有見及此，本叢刊編校小組經多年努力及多方協助，在中國、韓國、日本等地區搜羅了一九四九年以前漢文為主的術數類善本、珍本、鈔本、孤本、稿本、批校本等數百種，精選出其中最佳版本，分別輯入兩個系列：

一、心一堂術數古籍珍本叢刊

二、心一堂術數古籍整理叢刊

前者以最新數碼技術清理、修復珍本原本的版面，更正明顯的錯訛，部分善本更以原色精印，務求更勝原本，以饗讀者。後者延請、稿約有關專家、學者，以善本、珍本等作底本，參以其他版本，籍進行審定、校勘、注釋，務求打造一最善版本，及現代人閱讀、理解、研究等之用。不過，限於編校小組的水平，版本選擇及考證、文字修正、提要內容等方面，恐有疏漏及舛誤之處，懇請方家不吝指正。

心一堂術數古籍 珍本 整理 叢刊編校小組

二零一三年九月修訂

《臨穴指南》原本（虛白廬藏足本）提要

《臨穴指南》，原書一冊不分卷。清章仲山撰。清鈔稿本。原線裝。虛白廬藏本。未刊稿。心一堂據虛白廬藏本原色精印出版，輯入心一堂術數古籍珍本叢刊。

章甫，字仲山，自號錫山無心道人，江蘇無錫梁溪人。乃清代中葉三元玄空地理名家，流傳著述有《地理辨正直解》、《天元五歌闡義》、《元空秘旨註》、《心眼指要》、《臨穴指南》、《陰陽二宅錄驗》（《仲山宅斷》）、《保墓良規》、《章仲山挨星秘訣》（輯入心一堂術數珍本叢刊，經已出版）等。傳子雲谷、孫其渙，門人有桐鄉陳柳愚、長州柯遠峰、金匱錢荊山（即錢韞巖）、吳縣徐嘉穀、湖州陳陶生、金匱陶康吉等。

據章氏於道光元年（一八二一年）的《地理辨正直解・自敘》云：「今去（蔣大鴻）先生未久，……百年之近。」蔣氏為康熙初年時人，百年之後，則章氏當生於乾隆中期。又據武進李述來亦於道光元年寫的《地理辨正直解、跋》云：「神明其道于大江南北已三十年。」往上而推，則章氏當在乾隆末期即已以堪輿術行道。再據《章仲山挨星秘訣》內〈北斗七星打劫〉一節中云：「蔣傳姜，姜傳張，張抱道，不輕言，姚得之，大江口，歲乙卯，傳斯篇。」章氏確實屬於蔣大鴻嫡派真傳，源自姜垚一脈，中歷張右雷、姚赤電二代，於乙卯年得傳。此乙卯年應即乾隆六十年（一七九五年）。經嘉慶，至道光，章氏已是名滿江浙的一代地理名師。因為章氏及其門人多在無錫、常熟一帶行道，遂被後世稱作三元玄空六派之一的「無常派」。

章氏一派影響其後堪輿界甚鉅，如華湛恩《天心正運》、溫明遠《辨正續解》、高守中《地理冰海》等(以上皆輯入心一堂術數古籍珍本叢刊，陸續出版)，皆甚推重章氏之言。唯章氏作法是以挨星訣為核心，并以後天九宮飛星作挨星，即以山向二星入中順逆飛佈九宮作為擇地、佈局、立向、斷事等推演吉凶之本，若與蔣大鴻其他門人所傳及當時玄空各派之作法：多以先後天等法乘元運擇地、佈局，再以挨星等訣立向，二者比較，無常派明顯已有側重。此況亦影響了清末的沈竹礽(一八四九-一九零六)，沈氏終其一生都在破譯章氏三元玄空作法種種，後在章氏後人處以重金借抄得《陰陽二宅錄驗》，才從中悟出章氏挨星之法，從亦以飛星為主，後由其子沈瓞民及諸同門，在民國初年集成《增廣沈氏玄空學》(《增廣沈氏玄空學 附仲山宅斷秘繪稿本三種、自得齋地理叢說稿鈔本》，輯入心一堂術數古籍珍本叢刊，經已出版。) 將秘訣公諸於世。同時期亦有談養吾著《大玄空路透》、《大玄空實驗》、《辨正新解》，尤惜陰著《宅運新案》、《宅運撮要》、榮柏雲著《二宅實驗》等，推波助瀾，飛星法乃成三元玄空顯學，蔚為大宗，影響至今。

據虛白廬藏清同治十二年(一八七三年) 章氏後人重刊本《心眼指要》後序，章仲山之孫章品咸在章氏家族經歷太平天國軍隊戰火後，云：「咸豐丙辰(一八五六)秋，偶於殘篇中得先大父遺稿，曰《陰陽二宅錄驗》，繪圖詳明，言之鑿鑿。顧其所梓行《地理辨正直解》、《天元五歌闡義》、《心眼指要》等書，又語多隱奧，常以天律有禁為可畏……與其書中所云，不敢浪泄天機者，將毋同耶?」由是可知，章仲山在公開刊刻的著述如《地理辨正直解》、《天元五歌闡義》、《元空秘旨註》、《心眼指要》，不少訣法確實沒有完全公開，章氏後人尚藏有章氏的秘藏手稿，記載章氏地理的不外傳心法及風水案例，從未公開刊刻，只有鈔本在內部流傳。而章仲山之孫章品咸則在序中稍稍透露了其中一本章氏遺稿《陰陽二宅錄驗》。相信當時沈竹礽，便是看到同治十二年(一八七三年) 章氏後人重刊本《心眼指要》後序後，在光緒戊寅（一八七八年）便去尋訪章氏後人，以重金借抄得《陰陽二宅錄驗》。

然而，章氏遺稿，當非只有《陰陽二宅錄驗》一篇。民國談養吾，初師從章氏外戚楊九如，其著《談氏三元地理大玄空實驗》卷四中，即節錄其師楊九如藏的章氏遺稿《臨穴指南》部份。此外，民國二十二年(一九三三) 王則先增編六卷本《沈氏玄空學》時，摘錄了「友人秘本」中論玄空大卦與奇門同出一源的《坤壬乙訣起例之由來》一節，附入卷五《玄空輯要》之內。此「秘本」即《章仲山秘星秘訣》（《章仲山拗馬秘訣》）」(輯入心一堂術數古籍珍本叢刊，經已出版)。

長期以來，因為《臨穴指南》只有談養吾《大玄空實驗》節錄本，往往容易誤以為《臨穴指南》與《陰陽二宅錄驗》(沈竹礽節錄本改名《仲山宅斷》，輯入《沈氏玄空學》中)乃同書而異名。今觀本書虛白廬藏本《臨穴指南》，可知二者實是兩書。《臨穴指南》以五六運案例最多，前有章仲山自序，文中又多用第一身語。而沈竹礽節本《陰陽二宅錄驗》（《仲山宅斷》)則以七八運最多，文中又多有「仲山曰」等語。故此相信，《臨穴指南》當是章仲山得訣後覆墳(宅)之記錄，而《陰陽二宅錄驗》（《仲山宅斷》)當是後來章氏門人記錄章氏陰陽二宅的宅案。相對而言，《臨穴指南》可說是章氏遺稿秘中之秘。

心一堂術數古籍珍本叢刊輯入的虛白廬藏本《臨穴指南》中二宅宅案約一百五十例，乃是《仲山宅斷》的宅案近三倍之數。其中宅案，皆為極珍貴的三元玄空「無常派」資料，若能持之與章氏公開刊刻的

《地理辨正直解》、《天元五歌闡義》、《元空秘旨註》、《心眼指要》四書，另外無常派秘本如：《章仲山挨星秘訣》、《章仲山宅案附無常派玄空秘要》、《章仲山門內秘傳二宅形氣確驗》、《章仲山秘傳玄空斷驗筆記 附 章仲山斷宅圖註》及無常派玄空另一經典《堪輿一覽》(以上輯入心一堂術數古籍珍本叢刊)等書對讀，當有會心，可以窺知無常派的真傳奧秘。

《臨穴指南選註》出版前言

二百年來無數玄空風水研究者夢寐以求、連清末玄空地理大家沈竹礽也是一生求而未見的秘笈—無常派最重要的內傳秘本之一—足本《臨穴指南》(虛白廬藏本)公開出版後，可說是一石激起千層浪，在學術界及風水界產生極大迴響。

不過，由於原書是二百多年前的著作，原書文字非常言簡意賅，又是無常派門內的風水秘本。如果不是對清代江南的山水地理形勢、當時的文化背景、中文古文(古漢語)以及無常派風水各方面都有深入的了解，也難以完成破譯其中的風水玄空秘密。

梁國誠，字正言，號八仙山人，祖籍廣東珠海，曾獲美國國際大學頒授工商管理榮譽博士學位 (Hon. DBA)。梁先生於香港土生土長，年少時已沉醉於堪輿風水學，後隨師多人研習多年，尤好山水巒頭，常遊歷名山大川。每到一處便細心觀察，看其來龍脈絡，審陰陽之變化。二十多年來不斷研究，所接觸術數有易經、子平八字、手面相、六壬神算、奇門遁甲、西洋占星術、八宅和玄空飛星等，博覽群書，涉獵範圍甚廣，尤以無常派玄空風水特別熱愛，經常以現今案例與古籍對比，當中對無常派著作如《地理辨正直解》、《章仲山挨星秘訣》、《心眼旨要》、《臨穴指南》和《天元五歌闡義》等更深入研究，尤其是對《臨穴指南》的研究用功甚深，竭盡所能，解古人之不發。印證出先賢隱而不發之秘密。

本書作者以心一堂術數古籍珍本叢刊・堪輿類・無常派玄空珍秘《臨穴指南》(原色復修精印虛白廬藏本)為底本，選取了其中十八個案例註釋：不單從文字的註解、版本的考證，更以作者多年經驗及與古藉比對，加以闡釋，將前人隱而不發之真機，無私的向讀者披肝露膽。並親身前往無錫實地堪察，手繪地貌復原圖，并運用先進科技航拍照片，強化書中內容，熬歷了多時而成集。書中將這些案例與近代著作一些觀點大膽提出商榷，試圖找出案例的真義，讓所認知以淺白文句，不求雕琢，把心法導出，與堪輿學愛好者共同研究，開闢出一條捷徑，協助讀者破譯無常派玄空秘本《臨穴指南》中奧秘。

劉鐵漢序

從古至今堪輿術數一直流傳於世，實是一項極俱價值的文化，惜古代科技不發達，導致一些重要資料不能完整保留，歷經千百載，更面目全非。梁正言先生自少年時已熱愛堪輿學，對有關風水古藉深入研究，他運用多年心得，以多角度還原風水學真貌，正言先生亦常走訪世界各地，把大量風水實例加以詳細比較，探討出古今風水建築運用異同。梁正言先生新著《臨穴指南選註》便是他累積多年心得，以清中葉章仲山名著《臨穴指南》為藍本，選出十八個例子作深入探討，用淺易文句揭開風水學神祕的面纱，更多次走訪無錫以航拍技術等豐富資料，讓讀者全面掌握書中內容，確實是一本難得著作，我樂之為序。

劉鐵漢博士資深律師

江志豪序

梁正言先生，吾之亦師亦友也。先生尤精於宋明理學及青烏之術，宋明理學家有四派：理即性（朱熹）、理即心（王陽明）、理即氣（張載）、理即數（邵康節）。正言君乃以數入道也，並尤好於晚上夜觀天星，吾人有幸得聞其論星之言，輒有奇驗。梁兄觀星之術亦融合於堪輿學，得其伏藏、智慮、殊絕，發前人術數之精微處。

正言先生今天著述新書，乃選註章仲山《臨穴指南》中十八個案例，用現代文字學理闡述，讓今天的讀者不因文字艱澀，而使先賢之學問成絕響也。吾友好學常親臨江蘇一帶鑑別穴位之龍山向水。並用航拍機拍攝照片，再重新整理，使玄空先賢之伏藏智慧得以重新彰顯，真乃仲山再世，大鴻復生，不過譽也。正言先生胸羅萬卷，獨出心裁，簡練揣摩，發其伏藏旨趣。

古代南北朝沈攸之嘗嘆曰：「早知窮達有命，恨不十年讀書。」此真見道之言，值得玩味。正言先生是書，真積力久，據古未探之象，頗發揮於神算。筆者樂為序。

西醫師江志豪
二零一六年九月

劉樹忠序

梁正言先生熱衷堪輿玄學的研究，雀躍於親身實地考察不少山河國度，他知識廣博，學以致用，嘗試以社會科學中的社會學及心理學的概念與他熱愛的堪輿工作相結合起來。

在工作研究中，他應用社會學的宏觀視角，理解在無錫古村落中的人群行為，考察惠山古鎮與盪口古鎮如何在變遷中適應社會環境，選取最佳的陽宅作棲身聚居之地，從而提高自處之道。

在其走訪勘察中，他以社會學想象（sociological imagination），探索描述有關社會現象，傳統居住與集群的關係，個人生命歷程又如何受到社會結構中的中國文化價值所模塑，並加以整理和分析。

正如在薄遊無錫中，他作實地體驗考察（fieldwork）數次，選取了十八個案例加以闡譯，並以航拍取下主景，深入了解被觀察者的生活作息與其居處的緊密關係，以及其背後意義，並加以肯定清中葉無常派大師章仲山著作《臨穴指南》，梁先生書中內容深入淺出，豐富細膩，定能讓讀者從中得益。

學院講師劉樹忠

二零一六年九月

陳炳明序

「書欲精不欲博，用心欲純不欲雜。讀書務博，常不盡意，用心不純，訖無全功。」

北宋黃庭堅

梁正言君，余之堪輿學友，乃三元玄空巒理深研者，尤喜鑽研章氏一脈經典著作。梁兄總覽現今坊間著作，發現甚少註釋章氏《臨穴指南》古本案例之書藉，故發願將其書中十八個案例加以闡釋及手繪地貌復原圖。並在風水學上率先運用先進科技，附加無錫航拍照片，強化書中內容，熬歷了多個晝夜並奮而成集。旋即交余首閱，吾未敢怠慢，翻卷數讀，掩卷之餘讚嘆各篇闡釋盡合古人心意。其中更有個人之精確見解及導讀，與其說是一本註釋版，倒不如說為一本教科書，將前人隱而不發之真機，無私的向讀者披肝露膽。實不同於坊間一些著書人，口盡說毫無保留解密於讀者，惟去到關要處總留一筆，更有甚者下空數格天窗！唉！若無金針度人之量，何不收藏於名山之後，蓋言行不一也！觀此實感梁兄著此書為解讀前賢天機秘密的恢宏志氣！故樂之為序。

同道陳炳明敬識于徹嶺居

二零一六年八月歲次丙申

自序

筆者於青年時已對風水玄學甚感興趣，後隨師研習，尤好山水巒頭，常遊歷名山大川。每到一處便細心觀察，看其來龍脈絡，審陰陽之變化，吾常與山水二合為一，融為一體。風水學是一種形而上學，當中有些實不能以科學來解釋，為尋找時間與空間的關係，因此筆者走進形而上學的範疇，開始研究玄學術數。回想起九十年代至今，所接觸術數有易經、子平八字、手面相、六壬神算、奇門遁甲、西洋占星術、八宅和玄空飛星等。經過二十多個年頭，術數這門學問走了不同的道路，有真有假，起初確實難分真偽，過程中百般滋味在心頭，實難以筆墨來形容。

筆者為何有這慨嘆？原因是術數這門形而上學的學問，在今天重點放在科學的社會已變得次要，術數沒有正式大學課程教授，更被視為迷信，常遭到科學與邏輯學所質疑，雖然邏輯學重點在於論證(argument)，有一套完整方法證明事件的正確性(correctness)，邏輯學家常用演繹論證(deductive argument)來證明其對確性，祇要前提真結論必真；又或會用評鑑科學解釋的準則去解釋同一現象，根據目前所搜集得的資料寫出先在條件的命題，用命題與一些假說合起來推出結論，只要兩者都可檢證（verification），先前的假說便可作印證（confirmation），不可印證便被否證（falsification）。這種原則亦用於歸納論證（inductive argument），當然沒有被否證的就是一個對確論證（valid argument），而越多案例支持便是一個越強的論證。雖然這些方式大多用於科學測驗上，但筆者亦大膽嘗試運用於形而上的風水術數中。

筆者研究風水這門術數，亦不著重迷信，嘗試綜合邏輯學和心理學的分析方法，把每個個案成為一個獨立論證，用科學的驗證步驟（scientific process）來提高批斷的準確性：

（一）先把案例分類
（二）解釋吉凶問題之出現
（三）分析建立預測準則
（四）巒頭理氣操作化
（五）搜集數據
（六）分析數據
（七）總結案例共通處，強化推算準確性

筆者常運用上述的方法找出吉凶關鍵，日積月累把案例歸納整理，再與古藉比對，當中對無常派祖師章仲山著作如地理辨正直解、章仲山挨星秘訣，心眼指要、臨穴指南和天元五歌闡義等更深入研究，竭盡所能，解古人之不發。

時下不少人仕有志習風水學，可惜坊間教授方法良莠不齊，一旦找錯門路，既浪費時間又浪費金錢。本書選取了《臨穴指南》其中十八個案例，運用筆者多年經驗加以闡釋，將這些案例與近代著作對比，大膽提出質疑，試圖找出案例的真義，讓所認知以淺白文句，不求雕琢，把心法導出，與堪輿學愛好者共同研究，開闢出一條捷徑，讓後學者不再墮入五里雲霧中，而迷失方向。此外，筆者還有一心願，是盼望能把堪輿這門學問於未來納入正軌，如同中醫師獲得政府認可資格。畢竟山、醫、卜、命、相本同出一源，雖路途是艱辛，亦望能有實現的一天。

香港梁正言謹識

二零一六年丙申深秋

凡例

● 是書刊行宗旨，為盡力復原無常派祖師章仲山著作《臨穴指南》真義，使同道者對堪輿學有不同研究觀點。

● 是書案例選自清初無常派祖師章仲山著作《臨穴指南》中十八個案例，原文頁碼請參閱心一堂出版之《臨穴指南》。

● 是書所有圖片均由筆者親身於無錫、香港、英國、台灣及越南等地方拍照，更率先於風水書籍上採用航拍技術拍攝主景，擴闊讀者眼界。

● 是書非旅遊書籍，拍攝相片時或因天氣欠佳，有部份效果未如理想，但無礙於風水學研究，望讀者見諒。

● 是書地貌手繪圖乃筆者按原文內容描畫，對古人描述加以強化，筆者不是繪圖能手，畫工粗糙，見諒之。

• 凡家運敗財，運勢逆轉者，急宜研習是書，二宅倘以直達、補救之法助旺，即可扭轉乾坤。

• 是書每篇均筆者從多年研習玄空風水心得之作，非空中樓閣之談。

• 是書案例多描述上中元運，現雖是下元八運，但亦是出於一轍，同理而推。

• 讀者如素未研習玄空風水，應先找有關基礎書藉參考，明瞭基礎後，是書則不難迎刃而解。

• 是書文句不求雕琢，只求同道簡易明白，筆者才疏，如有錯漏之處，還望讀者諒之。

本書主要參考引用古籍

《山洋指迷》（兩種）	【明】周景一	心一堂（即將出版）
《水龍經》	【清】蔣大鴻	心一堂（即將出版）
《臨穴指南》	【清】章仲山	心一堂
《章仲山挨星秘訣》	【清】章仲山	心一堂
《臨穴指南》	【清】章仲山	心一堂
《章仲山宅案附無常派玄空秘要》	【清】章仲山	心一堂
《地理辨正直解》	【清】章仲山	心一堂（即將出版）
《天元五歌闡義》	【清】章仲山	心一堂（即將出版）
《增廣沈氏玄空學 附 仲山宅斷秘繪稿本三種、自得齋地理叢說稿鈔本》	【清】沈竹礽	心一堂

案例一

【《臨穴指南》原文（頁三）】

常州　張宅　一運癸山丁向　坎氣

坤水曲朝離向，逶迤①合聚巽方，折消艮出。葬時有二子，長行二，次行四，俱窘迫②，葬後長生三子，漸能讀書，入泮補廩，以後連生葬者之曾孫，書香不斷，入泮③頻頻，名師嘖嘖，財氣不缺，亦不大旺。次子自身捐州同④，生五子，各捐職。次子出仕縣丞⑤，並署縣篆⑥，葬時即為水客，大發資財，豪氣森森。凡常公事，與府縣會同紳士，共推為倡，蓋重義輕財，故稱百萬，其實分時只有四十餘萬。現今葬者曾孫，出仕微員⑦，亦署縣篆，然而有富者，亦有大敗者，不過地已美矣，未能十全，此局取得輔星成五吉。

---

①逶迤：彎曲的意思，堪輿學上曲動者帶生氣，硬直者帶死氣。

②窘迫：非常貧窮潦倒。

③入泮：清代稱考取秀才。

④捐州同：捐即捐錢於朝廷獲得官銜或官職，州同從六品官階，是知州的屬官。

⑤縣丞：正八品官階，是知縣的屬官。

⑥署縣篆：即署理知縣的職責。

⑦微員：官階低的小官吏。

【白話釋文】

常州張宅一運造葬，癸山丁向為雙星到向局，來龍於坎方，來水從坤方（八白）至離方（一白）逶迤合聚於巽方（六白），之後水轉折從艮方（二黑）消出。（如圖一）此例葬時已有二子，長子家中排行第二，次子家中排行第四，落葬時二人生活皆貧困，但在葬後二子均旺人丁，長子生三子，人丁旺兼能入泮當官，四代之後人材不斷，讀書有成。財運尚可，但不是大發。而次子財運更佳，財力更可捐錢於朝廷獲取官職，次子生了五子，各人都能捐錢當官，二子出仕縣丞，並署縣篆。立此墳塋時，次子是做流動性貨物買賣生意，及後因生意買賣獲得大量財富，常給人英雄氣概和豪邁的氣勢。但凡於公事都積極參與，對人重仁義而輕視錢財，被別人稱為百萬美譽，但最後盤算也祗得四十餘萬，此房的曾孫，只能出仕一些小官員，有些家境富裕，但有些則財運大敗，整局而言雖有瑕疵，不是十全十美，亦有取得五吉之妙局。

【正言解】

房份

據常州張宅一例，立此墳前是有二子的，長子排行第二，次子排行第四，按此排第家中還有二女，分別為排第一和第三，合共四名子女。在房份方面而言，於穴的左方為青龍代表一、四、七房，正前方為朱雀代表二、五、八房，而右方白虎代表三、六、九房，長子排第二應以穴正前方來斷，次子排第四則應以穴青龍方來斷。中國傳統觀念乃重男輕女，女子出嫁隨夫運，如尚未出嫁，以封建社會來說亦沒有出外賺錢的機會。造墳前二子皆生活貧困。當時張宅因有先人過世而立了一墳，墳立於一運坐癸山丁向。

立墳後，二子的人丁財運都轉佳，何解呢？基本上是要從兩個方面作解釋的，一是巒頭上的功夫，二是理氣上的功夫。我研究堪輿二十多年，可以肯定上說巒頭與理氣必須相互配合，才能彰顯出風水學趨吉避凶的力量。可嘆現今坊本所找到的風水書籍，數量多得驚人，各門各派風水典籍著作浩如煙海，汗牛充棟，有些著重巒頭，有些著重理氣，但真正能導出玄空真諦，確實寥寥可數。玄空風水基本上可分為六大派，分別有無常派、滇南派、蘇州派、上虞派、湘楚派、廣東派。除了六大派外還有先後天派和易盤派等。由於門派不同，演繹上當然大相徑庭。

我研習是無常派宗師章仲山的心法，因而取其著作《臨穴指南》一書內的案例，把一些重要心得向讀者披肝露膽。我絕不敢對其他門派說不，並以尊重的態度互相研究，本人希望盡力把無常派風水學精髓發揚光大。因此在本書以後的例子我都會以無常派的心法來論述的，希望與愛好玄空學的各門派同道交流心得，在演繹上如有冒犯之處請多多包涵。

大小三元運

說回常州張宅一運造葬，癸山丁向為雙星到向局，來龍於坎方。從理氣來說，首要講元運，元運是分三元大運與三元小運。三元大運即每宮⑧管六十年，三宮共一白八十年而為一元，三元即合共五百四十年為一週。三元小運即每宮管二十年，三宮共六十年而為一元，三元合共一百八十年而為一週。（看附表一）那麼大小三元運有何分別和用處呢？ 其實說明白一點，小運是運行於大運之中，從國家角度而言，大運用來看都會，小運用來看村落的興衰。而在民間的陽宅或陰墳皆以小三元運來斷事。以二零一六年丙申年為例，於小三元為下元八白運，而大三元則為上元三碧運，至於大三元這個數據我是翻閱古籍所得的，讀者可用此大、小三元運來推算香港過去運勢，大家不妨用過往的大事與元運之間關係，再推算一下香港將來運勢，這話題有些敏感，不在這裏詳談，留待課堂時再詳細解釋吧！

⑧每宮：此詞參考自《堪輿一覽》元運篇。

旺生衰死

元運是分為九宮，上元為一二三運，中元為四五六運，下元為七八九運。如張宅一運須得一二三之星為得力，書曰：「山水分運而行，皆以正到者為旺，催運者為生，初去者為衰，去久者為死。」另再取得輔星六白、八白二星合共為五吉。張宅墳癸山丁向，雙一到向首，向星二黑在艮宮，三碧於兌宮，如巒頭上得離方、艮方和兌方有水，即財運於一二三運皆旺。人丁方面須參看山星一二三是否有高地相配，相配得宜自然人丁繁衍！我們可參考（圖一），圖中表示濱水從坤方曲朝（八白）而來，再流向離方（一白）透迤合聚於巽方（六白），之後水轉折從艮方消出，從這點可斷出坤方地勢高，艮方地勢為低，這巒頭正好與雙星到向局配合，即穴前有高地和曲朝來水，得這巒頭再配合一白山向星，自然於一白運葬後能丁財兩旺。而案例文中亦清楚說出於葬後二子均旺人丁，長子生三子，次子生五子。

另一重點是原文提到人丁已到了葬者之曾孫，我們追溯清朝人們結婚年齡。得知清朝入關之前，實行早婚制，入關以後，清承明制，規定男十六歲，女十四歲為法定結婚年齡。由此可推算曾孫時應是一運尾或二運頭的時候，原文在尾段提及後人有富者，亦有大敗者，看先賢在文中似不肯透露大敗者之真相，要閱書者自行揣摩。

破大敗之迷

筆者在此拆解何以有「大敗者」？為何有富者？我們可從元運方向追查答案，一運時向星收坤離曲水，雖不聚，但曲動有情，應作吉論。巽方合聚，水主動而取靜，合聚即是由動而靜之，巒頭上有此象，可應大旺錢財。長子排第二應以朱雀方來斷，次子排第四則應以青龍方來斷，地勢而言次子青龍方水聚多於長子朱雀方，因而財運方面亦以四子為佳。如原文也說「長子財氣不缺，亦不大旺。次子大發資財，豪氣森森。」但到了二黑於艮方去水，三碧於兑方不見水，所謂：「山管人丁水管財。」當令生旺之星在巒頭上不能見秀水，那財運自然是大敗。因此可推斷出大富者於一運，而大敗者應於二運。

虛聯奎壁，啟八代之文章

原文中人丁旺兼能入泮當官，這與向星六白和輔星一白相配所至，正如玄空秘旨曰：「虛聯奎壁，啟八代之文章。」此案例穴的巽方收六白，坤方收八白之輔星，當令生旺的三星合共成五吉之妙局，地雖未能十全，但亦已美矣！

圖一

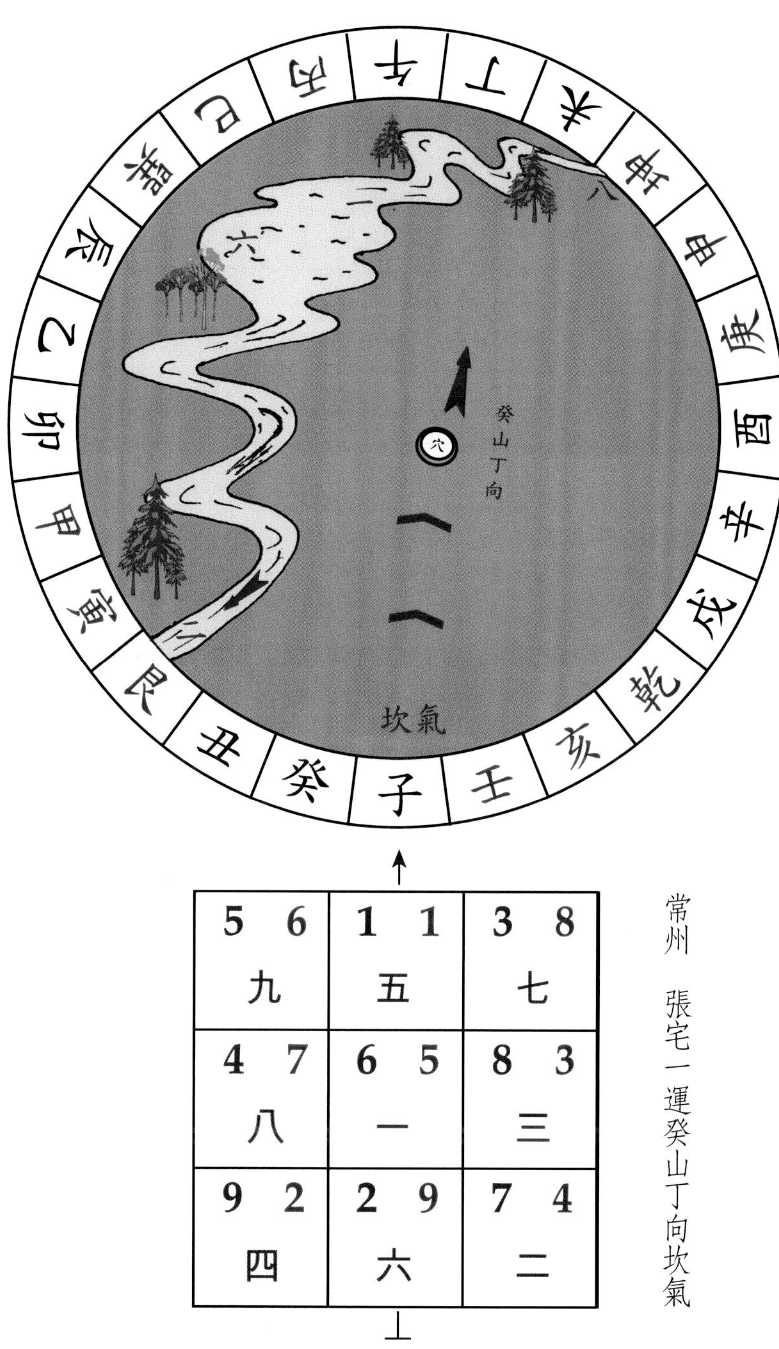

5 6 九	1 1 五	3 8 七
4 7 八	6 5 一	8 3 三
9 2 四	2 9 六	7 4 二

常州　張宅一運癸山丁向坎氣

龍得水則活，氣得水則聚，脈得水則清，穴得水則的。

大江大河收氣厚，涓流滴水不關風。

水對三叉細認蹤。

運河是水龍中的幹水。

兩水交會

一水瀦聚，匯集成塘。

案例二

【《臨穴指南》原文（頁五）】

楊宅　田龍①　一運亥山巳向

大龍身自坤而來，轉庚酉辛戌乾亥壬子癸丑艮寅而去。此地之氣從乾腰落，向巽開窩②，作乾氣，乾方湖水，巽震水，案山③開面④彎環。自明迄今，科甲連綿，富稱百萬，人丁大旺。

①田龍：堪輿相地之法，可分為山龍，水龍。兩者相法各異，但最終亦以平衡陰陽二氣為目的。
②開窩：龍真的穴在結穴時必成太極暈，立穴時從暈中取陰陽交溝之處放棺。
③案山：穴場前方的山，近者為案山，遠者為朝山。
④開面：龍脈行走時的形態，左右有蕩開之勢，脈從中心而出，成個字模樣，形若如人面分佈一樣。

【白話釋文】

大幹河水自坤方（西南）而來，後轉流至庚酉辛方（西），再流向戌乾亥方（西北）經丑艮寅方（東北）而去。此地之龍氣從乾方（西北）入首，依巽向開鑿穴場立坐山乾方之氣，乾方有湖水與巽方和震方均見水，穴前案山顧穴有情。由明代至清代，書香世代，考獲功名者亦多，後人繁衍，財富豐厚。

【正言解】

平陽龍

此例說楊宅田龍，前一例則指水龍，那看穴時應怎辨別龍的種類呢？我們可從一些古籍中看出端倪，例如唐代楊筠松先賢著《撼疑龍經》、明代周景一著《山洋指迷》、清初蔣大鴻著《秘傳水龍經》等。我不斷深入研究各古籍內容，大致上可歸納出古人是把各種地勢分為二類，一是山龍、二是水龍。兩者都以尋找真龍穴的為目的，但眼法卻是迥然不同，山龍眼法難，水龍眼法更難。筆者細閱《天元五歌闡義》章仲山註一書，從天元歌三中，章仲山清晰說出水龍心法，書曰：「平陽龍法蓋有數種，山東一帶，水深土厚，地勢平曠，連綿數千百里，起伏行止來蹤去跡無捉摸，此謂之平原，平原取川之法與山龍兼得水龍者相等，惟平原之水都是源溝渠之類，須從隱隱微茫之際看水之聚不聚，再看氣之止不止，氣止水聚穴必結此矣，平原之法，雖未盡舉，實不外乎此。又有一種氣勢雄健，屈曲活動，來有蹤，去有跡，起有頂，伏有斷，一切行度有類山龍，惟不及山龍之高且大耳，此謂平崗，平崗取之法亦以山水兼得為佳。如嘉湖地氣平薄水多氣散，地形相連，遠者數里，近則一里半里而已，即其起伏高低，不過數寸間，此謂之平洋，平洋氣散水渙，甚難著眼，須從隱隱微茫之際，看其氣之聚不，再看水之止不止，氣聚水止是為真結，平洋取用之法，原不異山龍，異于以水為龍也。又有一種龍身闊大，地勢開陽，多縱放，少收束，收則有類平崗，而無其結鍊，放則似乎平洋，又較為稍厚，去跡來蹤亦可明白，此謂之平陽，平陽尋穴之法，以氣止、水交、主賓相得為要也」。從上文大致可把水龍分為平原龍、平崗龍、平洋龍和平陽龍四類。

點穴法則

古籍中點穴法則繁多，但亦可分為三法：一是弔濱法、二是剪水法、三是分局法，而案例一和二用了分局法來立穴。整體而言，水龍心法亦不能只三言兩語能交代，亦由於篇幅所限，筆者在此只略述而已。

楊宅造葬於一運，坐亥向巳於一運為雙星到向局，全域大龍來水自坤方而來，再轉向庚酉辛戌乾亥壬子癸丑艮寅而去，入首於乾方腰落向巽方開窩結穴，從地勢而論坤方地高為頭，艮方地勢低為腳，故乾方為腰。乾方有湖水，巽震方均有水，向首案山開面彎環，即有情顧穴。

（全局如圖二）

科甲連綿

全局重點要破解原文中所說自明迄今，科甲連綿，富稱百萬，人丁大旺這句話。首先自明迄今到底有多少年呢？我翻閱古藉，得知章仲山應生於乾隆中期，約於乾隆晚期以堪輿術行道，乾隆（一七三六至一七九五）年間。再據《章仲山挨星秘訣》文中說「蔣傳姜，姜傳張，張抱道，不輕言，姚得之，大江口，歲乙卯，傳斯篇。」在乾隆晚年間之乙卯年為一七九五年，其時六運，清朝順治元年是一六四四年，是年為八運。單由清乾隆年間算起，已經歷了八九一二三四五六運了，若再往上推從明末算起，即七運，每運二十年計自明迄今這四字已足足跨越了一百八十年，此局旺足小三元運一週，這是否即三元不敗局呢？想知真相的，便要繼續研究盤中秘密。

田龍穴法

以田龍來說，所謂水潤良田，水能潤四方。一塊良田要得到好的收成，就一定需要有好水來不斷的滋潤。良好的收成，當然財富不乏。如《章仲山挨星秘訣》曰：「八宮同有水，無峰而無氣，或有財無丁矣。」田龍作穴方法，特點能收八宮之水，因而於一至九運皆大發財富。楊宅田龍又能於巽方（一白）、震方（二黑）、乾方（八白）水聚為湖和來水於坤方（三碧）配合於一二三與八運，財星力量更能倍增，後更被稱為「富稱百萬」的美譽！。

富稱百萬，人丁大旺

財運方面應可算已破解了，但如何破解於九運皆能科甲連綿，人丁大旺呢？筆者為了給讀者滿意的答案，又要公開章仲山心法中的另一秘密。從雙星局中雙一到向能配合向首有水，水外得秀麗有情之山巒配合，於一運自然財丁兩旺是不用質疑的，但要做到科甲連綿，就要與地盤巽宮合參，這是局與山向配合之法，在章仲山古籍中清楚指出局與向和運與向的運用方法。這裏先講局與向，在其他案例才解釋運與向的運用方法，本例因地盤巽宮為文昌和地盤之數固定不變，再配得山星一白飛到向首與巒頭相應，才能有此吉應。正如《紫白訣》曰：「四一同宮，準發科名之顯。」而人丁大旺亦是一白案山開面彎環有情，又得到穴後乾氣，方使兩者力量所引伸出富稱百萬，人丁大旺之成果。

圖二

楊宅田龍　一運亥山巳向

1 1 九	6 5 五	8 3 七
9 2 八	2 9 一	4 7 三
5 6 四	7 4 六	3 8 二

五星一訣非真術，城門一訣最為良。

莫把高低尋起伏，休猜渡水復穿田。

山有情，水有意，體用兼得。

水龍幹枝則以大水為幹，小水為枝。

山龍與水龍都以得水為用。

水龍老嫩則以曲動有情謂之嫩又謂之生，僵直淤淺謂之死又謂之老。

案例三

【《臨穴指南》原文（頁六）】

石塘灣孫　二運子山午向

庚酉辛大塘河水，自坤離巽震，復轉辰巽消出①，其坎方直濆，當背沖來，龍氣模糊②有似兌來，有自離方過河而來。核問諸師，皆不知主何龍脈，但知葬後，本身發有五六十萬，地之佳美，在一水得神，閱地者可不細心耶。

①消出：水從此方向流出，在穴前眼看不出水向何方流去，因消出的水是轉折曲動而去的。

②龍氣模糊：很難用肉眼分辯出龍脈從何處而來。

【白話釋文】

庚酉辛方（西）有大塘，河水自坤方（西南）經離方（南）巽方（東南）震方（東）再復轉回辰方經巽方（東南）消出。穴的坎方（北）有直濱水當穴背後沖射而來，來龍方龍氣模糊，似是由兑方（西）來，又似是自離方（南）渡過河水而來，問諸位堪輿師傅也不能分辨出那邊才是主龍脈。但可知的是於先人葬後，其子能發富五六十萬，總的說地是佳美，用神在於一水，請閱此地的堪輿師傅要細心揣摩。

【正言解】

據原文所描述，石塘灣孫宅於二運造墳，立穴用子山午向，玄空飛星乃雙星到座之局，於穴的庚酉辛有大塘水聚，而河水自坤方經離巽震方後再復轉到辰巽方消出。此例同時說出坎方有直瀆河水於穴後當背沖來。作者先把這例繪畫成（如圖三）。而本人認為原文是提出了兩個問題的，一是問此穴龍氣從何方而來，二是問為何此宅從二運葬後可大發財富？筆者嘗試先從古籍中找答案。

揭沈竹礽註解疑團

又查《沈氏玄空學》卷三亦見此案例，其中有沈竹礽與王則先的註解。先分析一下大師沈竹礽的註解，文中說大發財丁者，因兩盤旺星到後。但《臨穴指南》原文只說「本身發財五六十萬」，只說財運方面，並沒指出有旺丁之象。文中又說「坎方有水特大，名曰倒潮，其發最速。」這點說收逆水，尚可說通。而「其餘諸水皆收不起」這句，用心留意沈氏是同意直瀆一水是屬不美的，交六運即大敗也。按沈竹礽所說「其餘諸水皆收不起」，那為何六運才大敗呢？既然一水得神在向星二，理應於二運後交三運即敗才對！於六運才敗這是說不通。按《臨穴指南》原文亦從沒有提及六運才敗的字眼，最多只能說章仲山於六運覆此墳而已！

揭王則先註解疑團

兩位前賢王則先和沈竹礽註解中有何異同呢？相異之處是王則先指該穴「犯龍神下水故主丁氣大減。」這點與沈竹礽說大發財丁是矛盾的。兩者相同之處，是說出了震巽離坤兑等水，皆收不起。兩人同時指出交六運大敗。而王則先更引清初蔣大鴻《天元五歌・陽宅篇》中的「沖起樂宮無價寶」來解釋穴後之一水。據《沈氏玄空學卷三》這一案例原文應抄自《臨穴指南》，在兩書對比下《沈氏玄空學卷三》只抄了原文上半截文句，缺了下半截文句。我再翻閱《陰陽二宅錄驗》來對讀，又發現兩文章有重大出入，《沈氏玄空學卷三》王則先說六運大敗，但《陰陽二宅錄驗》卻是七運大敗。據考章公原著無此說法，故吾認為《沈氏玄空學卷三》王則先及《陰陽二宅錄驗》均為臆說矣。

為章仲山平反

據虛白盧藏本足本《臨穴指南》，只要細看內文，當是章仲山得訣後覆驗陰陽二宅的原始記錄，反而《陰陽二宅錄驗》只是後來章氏門人記錄章氏宅案再經沈氏的刪節本，像本例原文中「龍氣模糊有似兑來，有自離方過河而來。核問諸師，皆不知主何龍脈，但知葬後，本身發有五六十萬，地之佳美，在一水得神，閱地者可不細心耶。」整段被後人刪減了，而再另作文章硬說是章仲山所說，這點我絕不同意的，必須還章仲山一個清白。

沖起樂宮無價寶

《沈氏玄空學卷三》中之仲山曰、沈註和則先都同聲說道，直濱在二運當令而大發財，一失元運即財丁兩退，意思即大發丁財與丁財兩退都只是這直濱的效應。既然如此，為何原文要強調另一支灣環河水和大塘呢？這明顯是一個疑點，要破解此疑團，先研究下「直濱」一詞。

直濱怎可變吉用

文中直濱本來是帶煞的，如不加以揣摩便附會說吉，在治學上有疏忽之嫌。在《臨穴指南》二十一頁案例中亦有一直水，但結果是犯人命破敗，連傷五丁的大凶局。在《山洋指迷》卷三因水驗氣中亦說明「眷、戀、迴、環、交、鎖、織、結，皆氣之所在也。穿、割、牽、射、反、直、斜、沖皆氣之離也。」既是無聚合之氣那何以能變為吉用，實應以凶論。又查古藉亦有曰：「平陽有七忌，一忌居中立穴、二忌遠水立穴、三忌高築墳圍、四忌大片平板中立穴、五忌河路直處立穴、六忌順水立向立穴、七忌填塞水道。」文中第五忌是河路直處立穴，蓋水性潤下，曲則有情，直則生氣瀉盡，穴之絕人，陰陽兩宅亦然，讀者不可不慎。而本案例直瀆的煞氣為何不發禍，只是受制於當令元運之力而不能發惡。本例直瀆向星是二黑正為旺星，故直瀆之煞氣便不能發禍，只要一過運，禍害立見。

一水得神之迷

既然直瀆不是發富源頭，那二運財從何來呢？那我們便要向另一支灣環河水找答案，這支水是庚酉辛（八白）大塘，河水經坤（三碧）離（一白）巽（五黃）震（四綠）復轉辰巽（五黃）後消出的，本例二運造而生旺星為二黑、三碧、四綠，另一白，八白為輔星。故從這支水來論，此河水收未來生氣，大塘收輔星，應可說是一水得吉神，另直瀆凶性又被旺星克制（收山出煞），這種佈局要發財是不難的。但過二運後直瀆再無被當令運星克制，反而變成衰星來相配，直瀆凶神得力發惡，這便是一水得衰神之惡果。因此一水得神應是吉凶兩面來論的。直瀆得衰星而壓到其他吉星致不能發揮其吉氣，章仲山先生在此留下一筆。筆者若有另集時，再細述仲山先生此篇守口之秘。

圖三

子山午向

穴

兌氣

離氣

8 5 一	3 1 六	1 3 八
9 4 九	7 6 二	5 8 四
4 9 五	2 2 七	6 7 三

丁

石塘灣孫　二運子山午向

平陽尋穴之法以氣止水交主賓相得為要。

直瀆，僵直淤淺亦謂之死龍。

鄉郊直濱一例。

城鎮直濱一例。

朦朧下太湖景色。

水神抱繞曲折之處，即是氣脈停留止蓄之所。

案例四

【《臨穴指南》原文（頁七）】

錢狀元祖墳　錢茶山　二運丑山未向　艮龍

左右二山①環抱，坤峰高遠，而秀美可愛②。未坤太湖光亮。離方圓塘如鏡，貼近茶山。係唐子生③，故發維城公狀元。

①左右二山：　穴左方山巒為青龍砂，右方山巒為白虎砂。

②秀美可愛：是吉氣的象徵。

③唐子生：應為庚子生。

【白話釋文】

錢茶山狀元祖墳於二運造葬立丑山未向，艮方來龍。穴場左右有二山環抱，在遠處坤方有高峰向穴有情，是吉象徵不帶煞氣。於未坤為太湖，離方有圓形池塘，形如鏡而貼近茶山（如圖四），因葬於風水吉地，故能蔭生出狀元公錢維城。

【正言解】

錢維城（一七二零至一七七二），字宗磐，一字幼安，號茶山，江蘇武進人。精於詩文書畫，書學蘇軾，遒麗秀媚。初畫花鳥，頗秀潔清麗，後轉畫山水，以筆秀色妍，清雅端莊而成名，於宮廷為書畫待從之臣。

錢維城生於康熙五十九年（一七二零），元運為二運，於乾隆十年（一七四五）乙丑，當年錢維城是二十六歲，在四運時考獲一甲第一名進士（狀元），授翰林院修撰，享年五十二歲。

錢狀元祖墳造於二運（一七零四至一七二三）之間，碑立丑山未向，據原文描述，官至刑部侍郎，曾入值南書房，卒於乾隆三十七年（一七七二），時在五運。穴的左右方有秀美山巒包裹。未坤方近有太湖遠有高山，離方（南）有圓型池塘，位近茶山，有離方秀麗山水相配，故於庚子年（原文有錯字）蔭生出狀元公。

作者於《沈氏玄空學》也同時找到此例，該原文說：「仲山曰：此清貴之地，庚子丙子生人應發科甲，茶山即庚子生，有丙子生人少年登科不壽。」我們相比一下發現兩原文有頗大疑點。

少年登科不壽

翻查歷史書，錢維城享年五十有二。據《禮記・王制》養老之政說：「五十杖於家，六十杖於鄉，七十杖於國，八十杖於朝，九十者無子欲有問焉，則就其室，以珍從。」錢維城享年五十二歲應已算是老人。按歐州一些國家有記載，十六世紀時人平均壽才只有二十一歲，十七世紀平均壽命是二十六歲，到了二十世紀初人平均壽命才到達五十歲，因此在平均壽命而言，說他不壽是不合理的。

庚子年生之迷

原文中「係唐子生」中的「唐」是錯字，查一七二零年是庚子年二運，因此「係庚子生」才正確，文中沒有提到丙子一詞，再查六十甲子於二運是由甲申年至癸卯年，其中屬子年的只有戊子和庚子，而丙子是在一運的，因此丙子與此局無關，極其量只能說茶山於離方，出生年應與丙午丁有關，而當時的二運中只有丙戌、丁亥、甲午、丙申、丁酉年，但都不是錢維城出生的庚子年，《沈氏玄空學》原文說「茶山即庚子生，有丙子生人。」吾意為沈氏在此話有商榷。依筆者愚見，用年命來解釋似乎更合理。一七二零年是庚子年即一白命（看附表二），這正好配合離宮山星一白，再配合茶山相應即蔭生錢維城，簡單一點來解釋，或更易明白。

如何計年命

男的年命計算如下：將西曆的「四」位數相加成單位數再減十一，答案再相加取其最後單位數便是男的年命。例如一九七七年即一加九加七加七等如二十四，再二加四等如六，之後用十一減六最後得五，即一九七七年出生的男性，年命便是五黃。

女的年命計算如下：將西曆的四位數相加成單位數再加四，答案再相加取其最後單位數便是女的年命。例如一九七七年即一加九加七加七等如二十四，再二加四等如六，之後用六加四最後得十，即一九九七年出生的女性，年命便是一白。

一四同宮

本例蔭生出狀元公，主因在於山向星四一飛到離宮，〈紫白訣〉曰：「四一同宮，準發科名之顯。」當然理氣是重要，但也必須與巒頭相呼應。因離方有茶山而運到便發科名之顯。錢維成乃錢氏二十四世祖，其父親錢人麟為當時簫山知縣，錢維城是家中長子，於堪輿學上長子受氣於青龍方，於青龍方有山水來秉承一四之氣，亦剛巧四運時高中狀元。但要提出一個疑問，為何這局有這麼大的力量出名人呢？當中便要提到運與向的配合。

運與向的運用

據《章仲山挨星秘訣》文中所說：「向與局合十亦為大吉，不如運與向合十尤吉。」二運運盤六白飛到離宮與向星四合十即運與向合十也。除此之外其餘各宮也是運與向合十，亦能使力量大增，不過由於山星五黃入中，即入囚也，五運即一七六四年至一七八三年，故錢維城也卒於五運（一七七二年）。

錢氏的名人

錢氏在南宋年間，曾出四位進士，分別是始遷祖錢淵，第四世錢廷玉，第五世錢相與錢明德。其中錢相為宋寧宗戊辰科（一二零八）進士。到了明代萬曆年間，十八世錢一本中癸未科（一五八三）進士，至清代廿二世錢名世，康熙癸未科（一七零三）探花及第。乾隆乙未科（一七七五）廿三世錢致純中進士。約在兩百年間，七代子孫中卻出了十位進士，其中狀元一人，為廿四世錢維城，乾隆乙丑科（一七四五）狀元及第，其他還有探花一人。舉人十九人，貢生九人，庠生五十九人，國子監生三十六人等，可算是官宦世家。

圖四

錢狀元祖墳　二運丑山未向艮龍

6 9 一	1 4 六	8 2 八
7 1 九	5 8 二	3 6 四
2 5 五	9 3 七	4 7 三

2016年太湖水位急漲，水情告急。

看龍看起復看斷，凡屬真龍斷復斷。

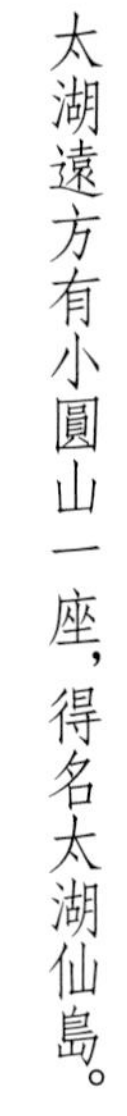

太湖遠方有小圓山一座，得名太湖仙島。

水不上堂休點穴，下砂不轉莫尋龍。

凡認脈情看住绝，水若行時龍不歇。

池湖盪胸無收，則氣不能聚，江湖潑面無案，則勢不可當。

案例五

【《臨穴指南》原文頁八】

無錫　鄒宅　三運卯山酉向

卯高山尖頂落脈，縮細①又聳尖頂，仍落脈生石鉗②，鉗前土墩③，緊靠墩葬。左右山形一如圈椅，土降軟砂數層，以作內襯。乾峰遠出十餘裡，堂氣寬大。巽離坎水皆聚堂內。庚酉辛方龍遊河水十餘裡長，屈曲來朝，故發忠倚公狀元。

①縮細：山脈帶生氣行龍必須有收細放大之勢，如呼吸一樣龍脈才有福力。

②石鉗：鉗穴的一種，因穴結於石山上，故稱石鉗。

③土墩：突起的一處，入穴時稱為腦頭。

【白話釋文】

無錫鄒宅三運時造葬立卯山酉向，於局內卯方有高山，從頂落脈縮細後又再放大聳起另一尖峰，再從頂處落脈結石鉗，鉗前有土墩突起，即緊靠土墩開穴而葬，穴左右山形與後山連貫而成，有如一張座椅。乾方有遠山，因而堂氣寬大，巽離坎方水皆聚於堂內，庚酉辛方有河水從十餘裡外屈曲來乾。（如圖五）因有這局勢，固陰生出忠倚公狀元。

【正言解】

鄒忠倚，字於度，號海嶽，生於一六二三年，當時元運為六運，清朝狀元，明末清初江蘇無錫泰伯鄉，入清後高中狀元。清順治九年漢榜狀元，授翰林院修撰。順治十一年（一六五四，在八運）去世，年僅三十二歲。其子顯吉、卿森皆工書畫。孫一桂為雍正五年（一六二七，在三運）丁未科二甲第一名進士（傳臚），玄孫奕孝為乾隆二十二年（一七五七，在四運）丁丑科一甲第三名進士（探花）。

此局立於三運為到山到向吉局，玄武山經兩次化嫩後再結穴，背靠山面朝水，這是平陽龍中的山地平陽，斷此局須用山龍法與水龍法合參，水龍法在案例一梁氏解中已略述，而山龍法也要重於局勢對穴場是否有情，有否秉乘龍脈之氣，剪裁下穴時能否取得陰陽變化之妙。斷山龍吉凶是否有情，基本心法有分斂、仰覆、向背、合割、縱橫、收放、偏全、聚散。而立穴剪裁心法有饒減、挨棄、倒杖、深淺等心法。

出狀元之地

為何此地能蔭生出狀元呢？首先這局地盤與向星是全域合十的大吉局，前例已詳述「局與向」和「運與向」，那到底共有多少個配合，如把一至九運所有座向列出，應可找出四組「局與向」合十和五組「運與向」合十。（看附表三）

局與向合十

二運未山丑向　八運丑山未向
三運卯山酉向　七運酉山卯向
三運乙山辛向　七運辛山乙向
四運辰山戌向　六運戌山辰向

運與向合十

一運亥山巳向　九運巳山亥向
一運乾山巽向　九運巽山乾向
二運丑山未向　八運未山丑向
三運子山午向　七運午山子向
四運甲山庚向　六運庚山甲向

從這些大吉局而言，力量自然比其他沒有全域合十的局大得多。《章仲山挨星秘訣》一書中亦提到四大局之妙，何謂四大局？分別是乾龍乾向水流乾、乾峰出狀元；卯山卯向卯源水、驟富石崇比；午山午向午來堂、大將值邊疆；坤山坤向水坤流、富貴永無休。書中說出：「能識大卦天心之竅方能領略四局之妙也。」作者認為局與向合十、運與向合十正是大卦天心之竅，而兩者中的關係，我還是留待讀者慢慢揣摩吧！

為何狀元地不長壽

鄒忠倚生於一六二三年（六運），卒於一六五四年（八運），享年僅三十二歲，此穴立於三運，如能於三運出生的是可玄武靠山之力得長壽，但鄒忠倚生於六運，山星六白於離宮，離方無山，丁星無力反而落水，所以不長壽。而離方有水，向星一白與山星六白是生成數，所以能出書香門第，如玄空秘旨曰：「虛聯奎壁，啟八代之文章。」

朝懷水

人丁從山看，財富自水來。從明堂前有一屈曲之水來朝懷於穴，這當然可發富，絕不是用直瀆來發富的，直死曲生是不可變的定律，讀者務必緊記。朝水者當面朝拜入堂也，此水易發主，朝貧暮富，予嘗謂逆砂一尺可致富，朝水一勺可救貧，然朝水不謂但發財而已，且能致貴。楊公云：「大水洋洋對面朝，列土更分茅是也。」

書香世家

從鄒忠倚本身是狀元外，到其子顯吉、卿森皆工書畫，其孫鄒一桂為雍正五年（一七二七年，在三運）丁未科二甲第一名進士（傳臚），再到其玄孫鄒奕孝為乾隆二十二年（一七五七，在四運）丁丑科一甲第三名進士（探花）。四代皆出眾，可算是書香世家，這有何原因呢？主要是遠方乾峰之力，有云一代風光一節龍，遠方乾峰山星九紫配得向星四綠，配合得宜世代皆出俊秀之子，正如《玄空秘旨》曰：「木見火而生聰明奇士。」綜合了上述各種巒頭理氣的配合，這穴才可發揮出這麼多吉應力量。這例確是一個極好的案例，值得再深入地研究內裏玄機。

圖五

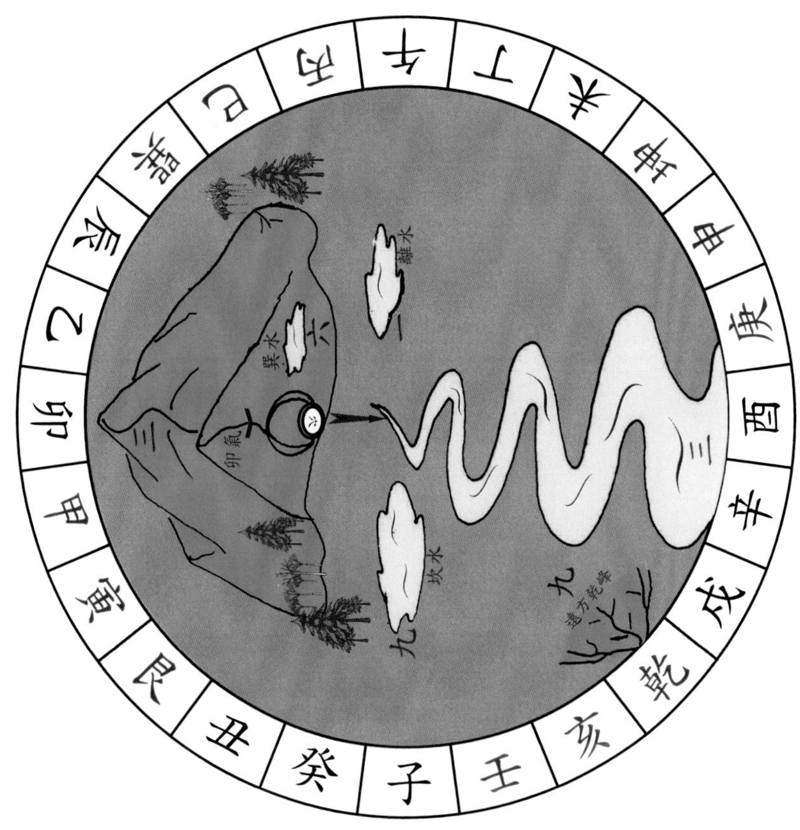

無錫鄒宅　三運卯山酉向

2 6 二	6 1 七	4 8 九
3 7 一	1 5 三	8 3 五
7 2 六	5 9 八	9 4 四

錫山古鎮一景，錫山开面出脈。

無錫鄒忠公祠

陽居擇地方法與水龍點穴方法一般。

濱水收細放大，生動活潑。

真龍欲止，勢必前趨。

無錫鄒氏名人

邹忠倚

（1623－1654）

无锡邹氏二十四世龙泾三房支裔。清初文人。他十四岁博士弟子，二十一岁举人，二十七岁进士，三十岁殿试第一，再殿试又第一，二次赐蟒服。他中状元后任职翰林修撰，皇上对他很满意，觉得他是一个正直克尽厥职的人，可委重任，将大用他，不料修撰还未期满，在他的年轻夫人不幸病势严重而亡二个月后相继逝世。忠倚公卒于官，殁于京师，年仅三十二岁。邹忠倚是著名孝子，留有深夜为父“脱鞋延医”的故事。他的著作有《箕园集》和《雪樵集》等。

案例六

【《臨穴指南》原文（頁十二）】

施宅小洪橋　四運酉山卯向

屋後低田①，兑水遠來不見，從乾坎至艮，轉甲卯乙，橫過至巽巳方橋下消去，宅中有池，大發丁財，入泮一人，寡居三四。

①低田：論平陽龍地勢，高一寸為山，低一寸為水，因此低田作水論。

【白話釋文】

施宅建於四運，立酉山卯向，整體屋後地勢偏低，開墾作田之用。來水從遙遠兑方而來，再從乾坎轉艮方，經甲卯乙方即在屋前方橫過，到巽巳方橋下流出。而於宅中則有大水池。（如圖六）宅運丁財兩旺，有一人入泮，三（震）與四（巽）有寡婦居住。

【正言解】

前幾個案例以陰宅為主，而今例則是論陽宅。筆者學習玄學二十多年，常聽到很多是只重屋內理氣，而忽略屋外環境，其實兩者皆重要的，坊間亦常謂風水有「內六事」與「外六事」。不過現今斷宅方法與古時斷宅方法是有頗大分別的，這個可留待日後有緣再與讀者詳細研究。

低一寸為水

現先回頭講解本案例，施宅於四運酉卯向，乃上山下水局，理應家財破敗，但此例反而大發丁財，還一人考取功名，雖然宅中亦有寡婦，但總的是吉多於凶。何解？施宅四運向星四綠飛到屋後低田。如書云：「高一寸為山，低一寸為水。」當令向星飛落水有旺財之象，又如《地理辨正直解》：「蓋挨星是以得時得令之星，安於合時合局之水。」所說一樣。來水從兑宮遠方而來，取象財富源源不絕。

高一寸為山

而丁星飛到向方，門前地勢稍高，即高一寸為山，震宮合四九生成之數，《玄空秘旨》：「木見火而生聰明奇士。」故有旺丁入泮之應。而寡居三四意思指兑宮山星八白飛到低田即為犯煞，如再遇三碧四綠飛至，定必生災。《紫白訣》：「四綠固號文昌，然八會四而小口殞生，三八逢之更惡。」

宅中有池，逢囚不囚

施宅四運酉山卯向，山星六白二黑入中，凡入中之山向星即謂之入囚，意思在六運來臨即人丁敗絕，而財星則到二運才破敗。何解入中會有破敗之應呢？這與地盤有頗大的關係，地盤各對宮均可合十，此乃最平衡的狀態，八卦無一宮較優勝，反之即無一缺口。坐於中宮即八方無路可出，自然不能發揮其本身力量，因此謂之入囚，像囚犯被關進牢房一樣。要破解這困局，只需中宮見光造池即可。這是何理論呢？此因運盤中宮數被地盤所囚，八方已無出路，要破解必須從地盤中宮五黃入手，地盤中宮五黃為土，中宮除八方外尚有天頂，天為乾是陽，地為坤是陰。這陰陽二氣在還沒有天地的時候，是一種混沌未分的氣，後來這種氣起了分化，輕清的氣上浮為天，重濁的氣下沉為地，而使二氣分化者為沖氣，即一也，陰陽即二也。老子曰「道生一，一生二，二生三，三生萬物。萬物負陰而抱陽，沖氣以為和。」《老子道德經》第四十二章。宅中池水輕清則升，重濁則降，水不斷運行於天地之間以生萬物，萬物既生於中宮，那何來再有被囚之理呢！

圖六

施宅小洪橋　四運酉山卯向

卯向 ← ┤ 酉山

8 1 三	4 6 八	6 8 一
7 9 二	9 2 四	2 4 六
3 5 七	5 7 九	1 3 五

無錫古鎮一景。

古鎮建築多河流街道。

無錫蕩口古鎮航拍照。

巽巳方橋下消去。

大四合院，宅中有池（景一）。

大四合院，宅中有池（景二）。

小四合院，宅中有池（景一）。

小四合院，宅中有池（景二）。

小四合院，宅中有池（景三）。

案例七

【《臨穴指南》原文（頁十三至十四）】

前州唐　四運甲山庚向

巽方大龍身①從乙卯甲寅艮丑而去，寅甲方腰落結穴②，左右小砂環抱③，內堂壬水豬如鏡亮，過亥到戌乾，又開洋，圓亮如鏡，辛酉狹細，庚申又亮如鏡，坤又狹細不見水光，未丁又亮如鏡，仍從坤申轉至庚酉辛方，又大開洋如鏡，再轉至未大河，更大開洋如鏡，共計大小圓亮水光六節，貫串連珠，若是之地，亦天功神巧，財有二十餘萬，長房有五孫，次房有二孫，然則富既已得，貴④必將來也。

①大龍身：在山龍心法是指高山大嶺的山脈。在水龍心法即是指大江大河，兩者都比喻為龍之身體。

②腰落結穴：來水處為高，去水處為低，高為頭，低為脚，兩者之間為腰，從腰處入首結穴，即直龍橫結。。

③小砂環抱：即穴兩旁的微高之地，稱為牝牡砂，牝者雌也，牡者雄也。

④富貴：風水學上富代表財富，貴代表官貴。

【白話釋文】

前州唐宅於四運造葬，碑立甲山庚向，巽方大幹河來水，此幹水從乙卯甲方經寅艮丑方而去。穴後龍氣從寅甲方入首結穴。太極暈被左右小砂體環抱，而內明堂壬方一白有水瀦聚塘形圓如鏡，池水經亥方到戌乾方又有另一池水圓亮如鏡，經過辛酉方的狹細小河道。到庚申方又有圓池如鏡，再經坤方收細，而坤方是不見水光亮，至未丁方又成小圓池。整局的內明堂左右兩水界合於庚酉辛方，之後再轉至未方大河，從小河會入大河處又見開洋如鏡。（如圖七）大小圓亮水塘合共有六個，而且互相貫串連珠。若然有地如此，亦是天功之作，據此穴發財二十餘萬，長房有五孫，次房也有二孫，總結此穴財富既已得，官貴亦快將到來。

【正言解】

此局四運甲庚向，為到山到向之局。論座山甲方來龍，據龍氣乃從大龍身旁抽出一支，謂之直龍橫結。橫龍直接納氣於大幹，故龍力特旺而大發人丁。地盤震宮代表長房，地盤震宮即甲卯乙方，正受龍氣故長房可得五孫，次房地盤為艮宮即丑艮寅方，旁受龍氣之力故亦可得二孫。

此局能發財運二十餘萬，應來自四個方面，一是運與向合十，這點前例已有說明；二是四運向星得合時合局之水；三是五黃生氣與一白輔星均有秀美池水配合；四是合得章仲山拗馬秘訣（直向），綜合四點才能大發二十餘萬財富。

《章仲山拗馬秘訣》（章仲山挨星秘訣）

何謂拗馬秘訣呢？查《章仲山挨星秘訣》一書中有言，此訣又名直向，據《沈氏玄空學》卷五《玄空輯要》內〈直向〉一節的王則先述云：「立向之法，正向兼向之外，顧更有所謂直向者，包括錯卦互卦。其法係就出宮兼與陰陽互兼之一，用〈坤壬乙訣〉尋替，然挨法與替卦異。傳謂直向之名，出於章仲山，而時人即稱為拗馬，以其愈錯則愈直，愈拗而愈正也」凡直向，可使整局財官之力量，能倍增至十倍之多。

《章仲山拗馬秘訣》（章仲山挨星秘訣）原文

名非有定，星隨氣變，山用順而水用逆，水用逆而星仍用順，在山山上起，在水水裡起，地盤總是順，將所葬之年，何運入中，順飛到向上，得何星卦，看陰陽而定順逆，即將向上之星入中，飛去為天盤，假如五黃到向上，五黃無位，將盤上陰陽分為順逆，五黃入中，當令乘時，伏吟不忌反吟又不忌，或是六白運，用乾為反吟，或一白在一宮為伏吟，一白在九紫宮為反吟也。

中五，即五黃運，二十年辰戌丑未，寄在乾坤艮巽之內，上十年旺丑戌，下十年旺辰未，又遇丑戌年，在丑戌方有水，旺中上二年，如向上水遇五黃前十年之內己丑丙戌，二年更旺矣，凶者，向上無水也，或遇辰未年，在辰未方有水，中下即旺，如有水至五黃壬辰乙未年即發矣，六白運坎水為催官水，有離峰，力加十倍，如六白運戌山辰向，六到向離方有水，即坎水為催官水，坎方有峰，即離峰，有坎水有離峰，力量更大，無峰力輕。

據上文本例酉宮向星與旁坤宮向星合得生成數，即為催官水，再配合坤宮之對宮即艮有峰，催官力更可增大十倍，如本例向星四與坤宮向星九合生成，四九為友，但艮宮無山峰，故不能發揮此訣的最大力量，但已算是上佳之地。

至於向首方，有向星四綠會坤方九紫水於穴正前方，合得生成之數，即當令之星安於合局之位，故能發富。而文中所說「貴必將來」是因為於壬方一白與六白相會，只需等待合元運之年飛到此宮位，必定有吉利之事應驗。

貴必將來

原文最後一句貴必將來，乃對此穴作一預測，何解有此說呢？主要可從兩個吉象來看，一是向上有四九之數，此數可於年命四綠時，能陰生聰明過人之子；二是坎宮得一六之數，此數可大利於六白年命生人，如《玄空秘旨》曰：「虛聯奎壁，啟八代之文章」是有功名之象徵。

圖七

前州唐　四運甲山庚向

3　7 三	7　2 八	5　9 一
4　8 二	2　6 四	9　4 六
8　3 七	6　1 九	1　5 五

⊢　→

眾塘貫穿連珠（景一）。

眾塘貫穿連珠（景二）。

巽方大龍身。

大幹行龍（景一）。

縱使皇都並郡會，只審開陽不審龍。

平陽龍一景。

案例八

【《臨穴指南》原文（頁十七）】

陶沅祖墳管社山　五運乙山辛向

丑艮寅甲卯乙辰巽巳高山，卯上半山微有脈，即依腳葬在半山，巳丙空①，乾亥澗水從兑橫，至申消，未坤太湖，湖中有小圓山一座，遷後大發丁財，丁卯年發科②。

①空：從堪輿而言空處為引氣，實處為收氣。書云：「動處乘空實處靜，空邊引氣實邊收。」《陽宅指南》

②發科：科舉是一種通過考試來選拔官吏的制度，科舉始於隋朝，一直延續至清朝末年，整個科舉共持續了一千三百年，發科為考獲功名的意思。

【白話釋文】

管社山位於無錫，旁靠太湖，陶沅祖墳葬於五運，立乙山辛向。穴後有高山，山體佔之地步橫跨丑艮寅方、甲卯乙方和辰巽巳方。龍脈自卯方入首於半山結穴。穴前乾亥方有小河橫過兌宮後至申方消出於太湖，穴的巳丙方景觀開楊，而未坤方向是太湖，遠望湖中有一座小圓山。（如圖八）遷葬後大發丁財，於六運丁卯年考獲功名。

【正言解】

陶氏家族在無錫可算是一大族，有「五柳堂」陶氏，這一支是自晉大司馬長沙桓播遷轉徙越地，至清後遷常熟，後又遷無錫，居無錫長廣溪之東，後名陶巷；其次還有「錦初堂」陶氏家族，此一支自明代成化間由安徽當塗遷江陰，後又由澄遷徙無錫繡衣坊南首。而在無錫北塘也有另一支陶氏，而管社山毗鄰便是北塘，故陶沅祖墳應源自北塘這一支陶氏。

胎息孕育

此案例葬於五運立乙辛向，為到山到向局，玄武山占地步甚廣，從丑艮寅、甲卯乙、到辰巽巳，結穴龍脈出於卯方，剝換退卸再起突泡結穴，正合胎息孕育，有呼吸浮沉之勢。如《山洋指迷》曰：「蓋元武一節之頂，為父母，父母山開面出脈為受（胎）；胎前跌細如蜂腰處，謂之（息）；化生腦前，亦復有微分微矬之呼而沉，微動微起之吸而浮，謂之（孕）；孕下起孩兒頭，一節臨穴之毬簷開端然之面，又有隱分隱矬，微有微起之動氣，謂之（育）。」當令山星五黃得力於玄武山，故能大發人丁。

財運方面，水自乾亥方（六白）而來，六白為未來生氣之星，主財富源源不絕，至兌宮澗水抱穴，向星五黃合時合局，故五運葬後即大發財富。兑水抱穴後再流入太湖，太湖即一白輔星，得輔星相助，水聚即財聚，故財富能積玉堆金。

拆解丁卯年發科

文中丁卯年發科，何解？這與前一例相同，而這例一六之數於坤宮，得秀麗小圓山與太湖吉力來助旺一六之數，又查丁卯年即一七八七年，年命數恰好又是六白，與坤局相呼應而衍生科名之應。

圖八

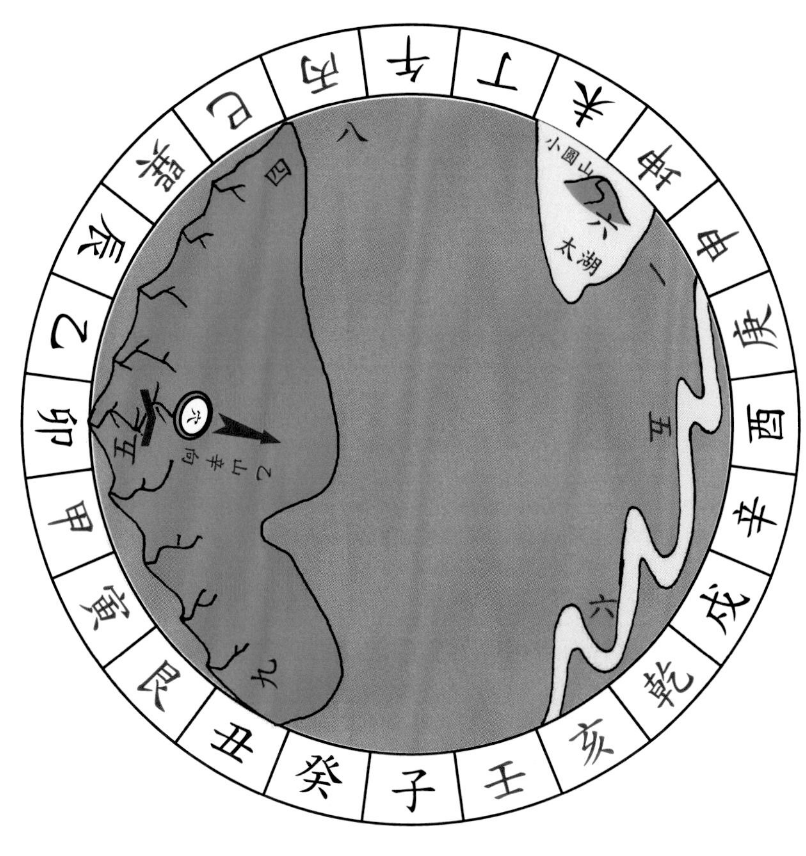

陶沅祖墳管社山 五運乙山辛向

丁 →

4　8 四	8　3 九	6　1 二
5　9 三	3　7 五	1　5 七
9　4 八	7　2 一	2　6 六

後天開鑿，對水龍龍脈亦有頗大影響。

無錫市郊航拍照一。

無錫市郊航拍照二。

管社山外太湖風景一。

管社山外太湖風景二

管社山外太湖風景三

管社山莊正大門。

管社山外觀。

筆者實地考察無錫管社山莊以証本書案例八。

案例九

【《臨穴指南》原文（頁二十一）】

五運　酉山卯向丙氣

辰巽直水，遷後交六運中甲寅年犯人命破敗，庚申辛酉年連傷五丁，此為一吉之局，出局①不能保也。

①出局：三元九運，分上中下元。二十年為一運，六十年為一元，三元即有一百八十年，一運後到二運，餘此類推，至九運後再回歸一運。如八運（二零零四至二零二三），之後為九運（二零二四至二零四三）。當立穴造葬時是八運，到了二零二四年後，原本八運中八白吉星便隨九運而退氣變為凶星，此為之出局。

【白話釋文】

此一例造葬於五運立酉山卯向龍氣自丙方而來，辰巽方有一直瀆水。（如圖九），五運時無大礙，但到六運時於甲寅年犯人命，家運破敗，再於庚申，辛酉二年連傷五丁，此例五運盤卦主吉，尚能遏制凶神，但運一過後災煞即現。

【正言解】

此局五運酉卯向為到山到向吉局，能得秀麗有情山水配合，理應丁財大旺。惜辰巽方巒頭上有直水，直水本屬無情帶煞，遇凶時應即發禍。原文說五運無大礙，但到六運災禍立見，何解五運無礙呢？

一吉之局

從原文說明五運無大礙一句，筆者可判出這局，穴前除一直濵外，應無特別秀麗巒頭相呼應，因此財富亦無特別大旺，而座山應稍高，於五運時山星得力故可旺人丁，原文亦最少提及五丁，又只有座山一方得山星五運合局，故為之一吉之局。

家運破敗，連傷五丁

而整局重點在於六運時由一吉之局變為大凶局，人丁破敗。這主因在於五運時坐山合時合局，才可保人丁。交六運時五黃由旺氣轉化為衰死氣，故到六運時災禍立至。首先於六運時甲寅年（一七九四年）八白入中，三碧飛到离宮，與巒頭辰巽方直水相應，《紫白訣》曰：「四綠固號文昌，然八會四而小口殞生，三八逢之更惡。」

何謂入煞

到庚申，辛酉二年再連傷五丁，是因五黃山星於六運轉吉為凶，衰死之氣宜放在水裡，生旺之氣宜放在高處，惜五黃衰氣六運時安於高處，即謂入煞，凡入煞禍害立見。五黃山星在兑宮，兑宮有庚酉辛三山，故發禍於庚申，辛酉二年，這也是計算應期的一法，閱地者不可不知矣。

圖九

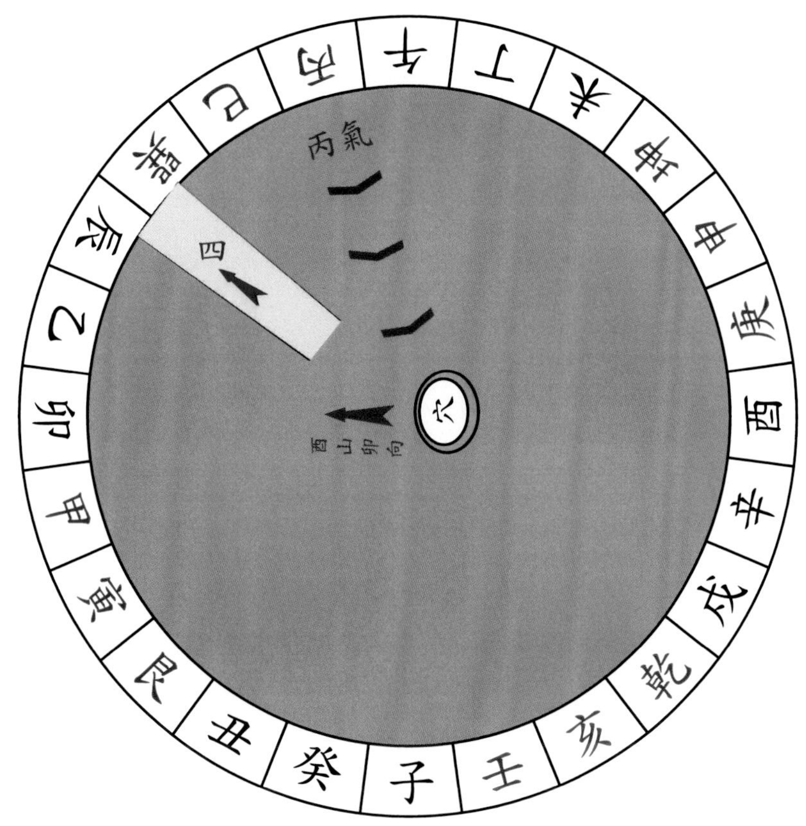

五運　酉山卯向丙氣

8　4 四	3　8 九	1　6 二
9　5 三	7　3 五	5　1 七
4　9 八	2　7 一	6　2 六

甲寅年八白入中

七	三	五
六	八	一
二	四	九

二宅前屋後見直瀆必主凶。

庚申年二白入中

一	六	八
九	二	四
五	七	三

辛酉年一白入中

九	五	七
八	一	三
四	六	二

案例十

【《臨穴指南》原文（頁二十一至二十二）】

五運　庚山甲向離氣

卯蕩，庚酉平田，葬後四子皆不生育。至六運，即於是穴是向，發開動棺，重新分金①，後六七年，四子即育，財亦好，此亦一吉之局，可保長久，出運即敗。故地理玄奧千變萬化，全在活潑精參其妙，然口不傳，貴乎心領神會，故同一吉局，遲速相去天淵。奚能畫一耶，此所謂我葬出公卿也。

①分金：各派有不同分金之方法，分金主要有安放棺木用內分金和立碑用外分金。

【白話釋文】

此局於五運造葬立庚山甲向，龍氣自離方而來，卯方散蕩，庚酉方為平田。（如圖十）至六運時，重修舊墳，於同地立同向，棺木重新分金。重修後六至七年，四子皆能生育，財運亦轉好，運初時於吉地立得吉局，運勢可保持長久，但一到出運時，運即敗。故地理堪輿之術，乃千變萬化，不能死板板，一成不變，雖未能以口直接傳授，閱者只要心領神會，亦能體會局中變化之妙，遲發與速發，可有不一樣的結局，此所謂我葬出公卿也。

【正言解】

庚山甲向於五運乃上山下水局，從理氣而言，丁財皆不旺，又配向首巒頭卯方散蕩，座山庚酉方平田，向星飛到平田處不見水，山星飛到散蕩處不見山，巒理不合局，當然丁星兩失。

斗轉星移

重點是此穴於六運後，於原地開棺重修，重修後天心即可由五運盤改為六運盤，堪輿學謂之斗轉星移。轉換天心後即用六運起盤，庚山甲向六運為到山到向局，全局運與向合十大吉，向星飛到散蕩處為水，山星飛到平田處為山，巒理合局，自然財丁即旺，再加上離方來氣與運星一坎水陰陽交媾，有萬物生成之象，故四子即育。

一吉之局，可保長久

前篇已說明三元九運之關係，每小運管二十年，如吉局於每運開端時即造墳，即可保持吉運二十年之長久，但如在運末端時才造墳，那吉運亦相對縮短，更於元運過後即敗，元運之福力直接與後人受福長短有關聯，因此地師能掌握好時機，效果可是天淵之別，故所謂我葬出公卿。章仲山先賢在此留筆於後學，雖不能口傳，只要後學細心揣摩，必能心領神會。

二宅前屋後見直濱必主凶。

五運庚山甲向　離氣

6 2 四	2 7 九	4 9 二
5 1 三	7 3 五	9 5 七
1 6 八	3 8 一	8 4 六

入六運

9 5 五	4 9 一	2 7 三
1 6 四	8 4 六	6 2 八
5 1 九	3 8 二	7 2 七

穴前明堂無案山謂之蕩

廖瑀《泄天機・安墳入式歌》云：第四猶嫌無案山，衣食必艱難。

案例十中描述庚酉平田一景

穴場四面平田，尋真穴須以水龍法則。

案例十一

【《臨穴指南》原文（頁二十四）】

唐　五運　攢[①]癸山丁向

巽上濱水，從離橫過，未坤消，兌方有屋貼近，常有落胎[②]之患。

①攢：集中的意思。
②落胎：即流產。

【白話釋文】

這局五運，兌方有村落，屋集中於兌方及屋向坐癸向丁，同時貼近未坤方出水處，常有落胎之患。此地有一瀆水從巽方而來，橫過離方後從未坤方消去。（如圖十一）

【正言解】

五運陽宅坐癸向丁，　為到山到向局。　但原文指常有落胎之患，應何解釋呢？

何解常有落胎之患

需知巒頭無假，理氣無真，如只單看飛星數，而不顧及巒頭之情意，是很容易吉凶錯斷。此例一水從巽方來，經離方橫過直走，沒有一點情愛可言，已含凶煞之象，後經坤方流走。坤為地，人物代表母親，坤宮山星四綠與向星三碧於五運時為衰死氣，此二數再逢八白即不利小口，如年月八白星飛臨坤宮，艮為山，為止，人物代表幼子，艮卦五行屬土，於坤宮被三碧、四綠所克制，再與無情直瀆相應，故常有落胎之患。書曰：「八逢三四，小口殞生。」

圖十一

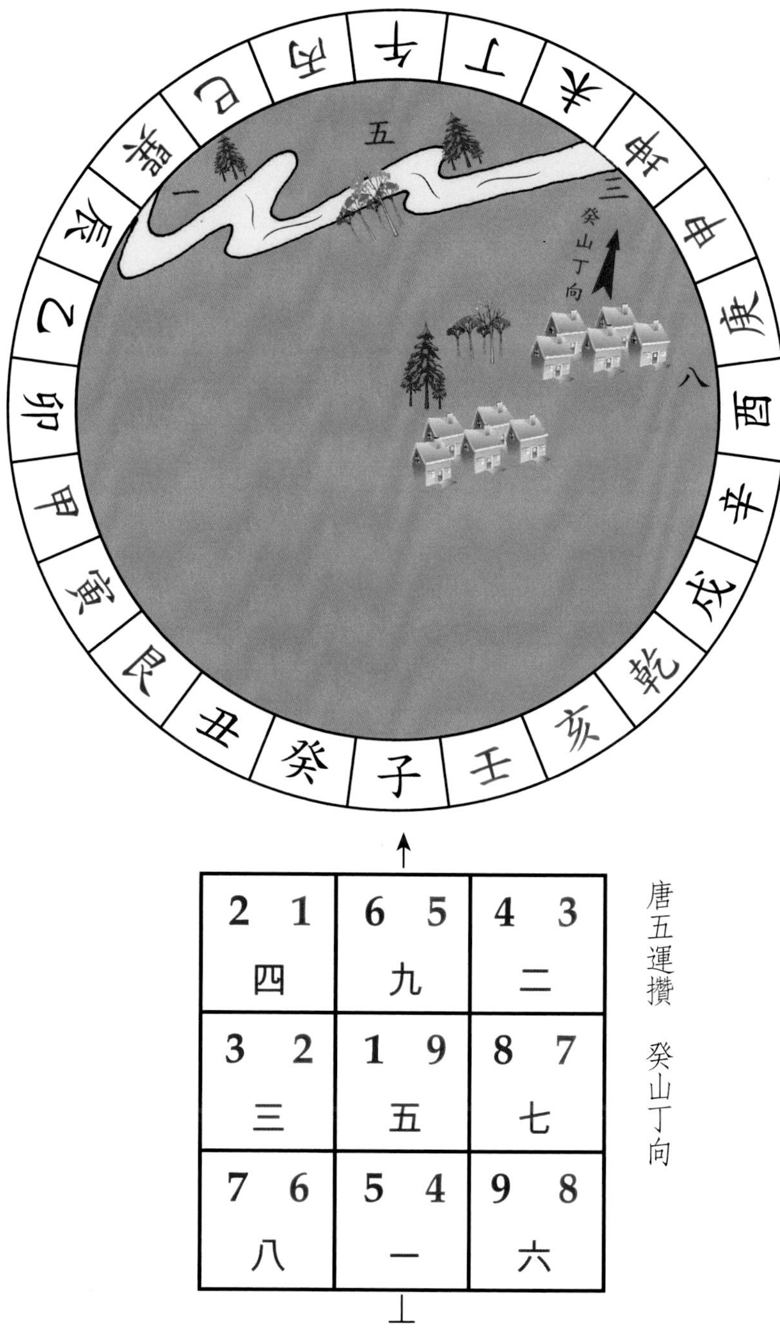

2 1 四	6 5 九	4 3 二
3 2 三	1 9 五	8 7 七
7 6 八	5 4 一	9 8 六

唐五運攢　癸山丁向

轉處不分名息道，轉入分流名漏道。

惟有息道是真龍，漏道多轉總成空。

曲水環抱是有情，直水反弓總無情。

無錫古建築一景。

無錫錫惠古鎮街景

無錫錫惠古鎮內之榮貞烈祠，祠始建于民國十年（1921）

案例十二

【《臨穴指南》原文（頁二十七）】

吳宅　孤村　五運　乙山辛向

乾兌池水，從坤離方低田流去，巽太湖，卯氣。於六運附葬甲山庚向，又附葬巽山乾向，丁財大旺，小秀①。其住宅六運造，癸山丁向，前三間②一廗三進。後五間一廗，三進第四進靠西一房。巽門，本與幼童臥，其童子俱病腹中有塊，改艮門令其不閉，以通奧妙。數月，房內童子五六人，病皆愈。

①秀：中國元明兩代稱貴族、官僚、富室子弟。

②間：中國建築中，在木結構房屋，兩根柱子之間稱為一『間』，間數越多，則代表建築的寬度與深度越大，如中國的太和殿寬度有十一間。一般四合院多以三間至五間為寬度的。

此例共牽連到三陰宅及一陽宅，三墳分別為是：

陰宅　五運乙山辛向
　　　六運甲山庚向
　　　六運巽山乾向
陽宅　六運癸山丁向

陰宅全局乾兌方有池水會聚，再從坤離方低田流去。巽方是太湖，來龍於卯方。（如圖十二），陽宅是癸山丁向。（如圖十三）

【正言解】

吳宅於五運造一墳乙山辛向，六運造兩墳分別甲山庚向和巽山乾向，又其住宅建於六運坐癸向丁，三墳和陽宅取局如下：

陰宅　五運乙山辛向，到山到向局
　　　六運甲山庚向，到山到向局
　　　六運巽山乾向，雙星到向局
陽宅　六運癸山丁向，雙星到向局

三墳向星分別飛到兌宮及乾宮，即當運旺星聚於水池方使財星有力，故財運大旺。丁星於五運及六運時又能秉承來龍於卯方龍氣，亦能使人丁大旺和小秀。總括三墳可算是得運，既然是葬得不差，那為何文中說有童子俱病，腹中有塊之應。

怎解釋童子俱病，腹中有塊

人皆居於陽宅，陽宅風水對宅中各人是舉足輕重的，像此例陽宅建於六運癸山丁向，宅中西方有一房開巽，因受二黑一白之氣入巽門，而致各小孩俱病，腹中有塊，這是因為一白水受二黑土所刑克所導致，一白坎屬水，主男；二黑坤屬土，主女，主腹部。土剋水，即男被剋故有腹部之病害，正如《玄空秘旨》曰：「腹多水而膨脹。」

後宅主人把門改到艮方，艮方向星為七赤，於六運屬吉星，不久小孩腹病皆能治癒。此例舉出不同元運坐向的陰陽二宅，均可對後人有相關的影響，須看似無相關，實是形勢相資，表裡相依。

圖十二（a）

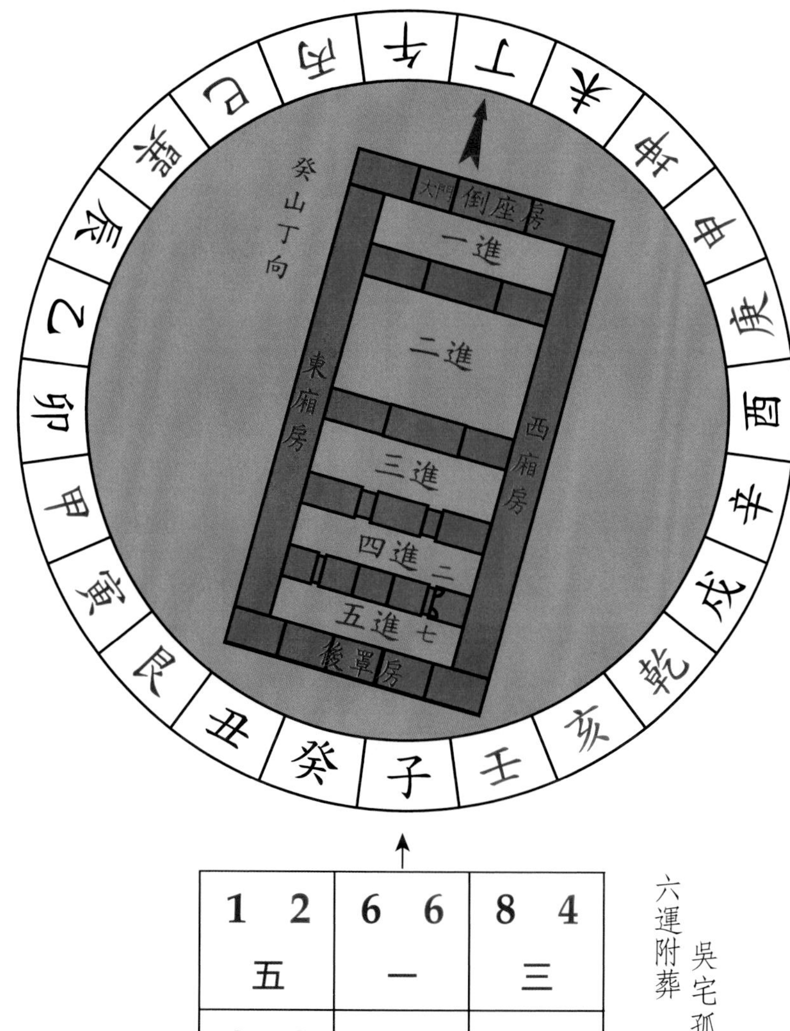

吳宅孤村　五運乙山辛向

六運附葬

1　2 五	6　6 一	8　4 三
9　3 四	2　1 六	4　8 八
5　7 九	7　5 二	3　9 七

丁

無錫蕩口古鎮內一座五進大院。

大院內一角。

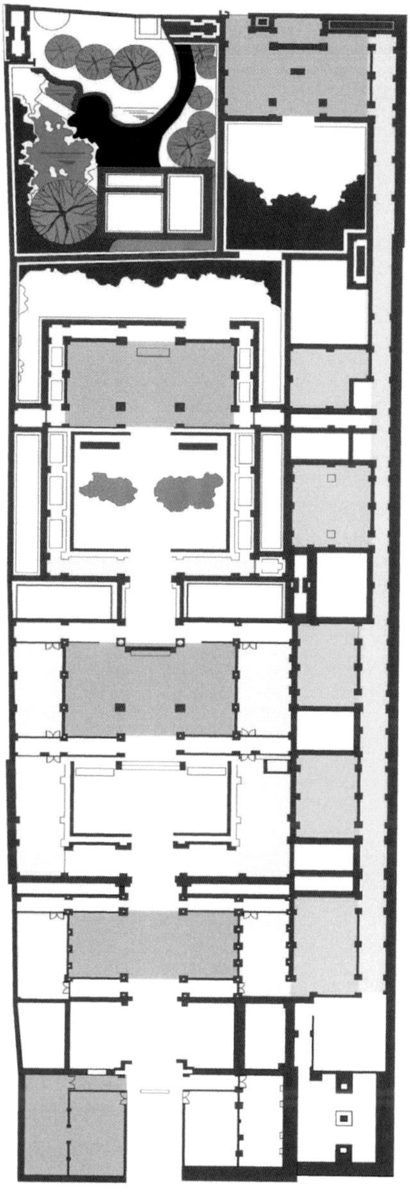

五進四合院平面圖。

圖十二（b）

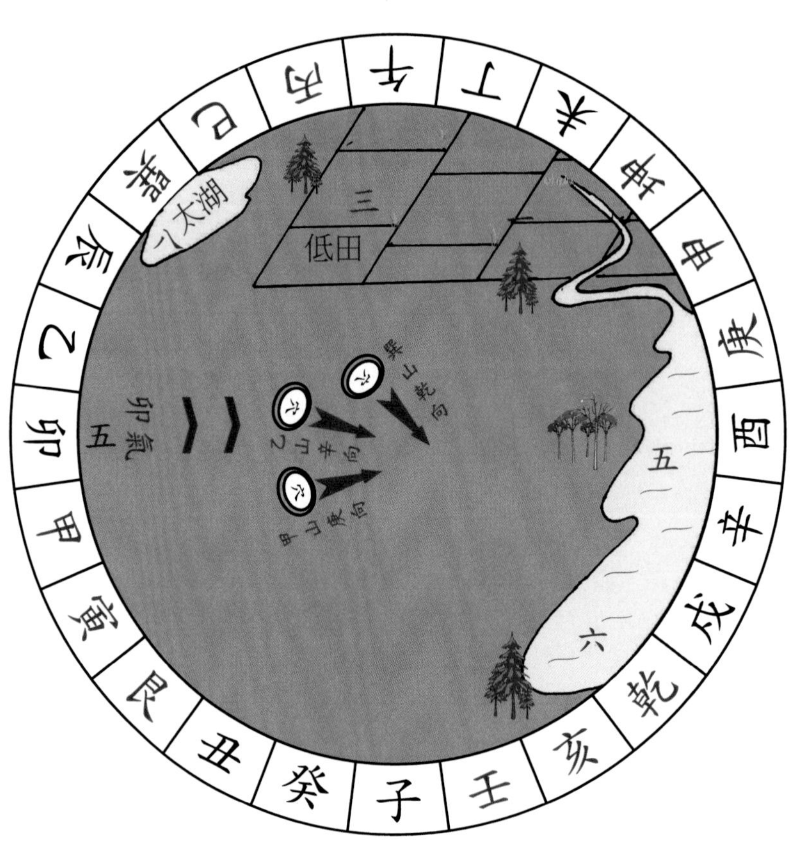

吳宅孤村　五運乙山辛向

4　8 四	8　3 九	6　1 二
5　9 三	3　7 五	1　5 七
9　4 八	7　2 一	2　6 六

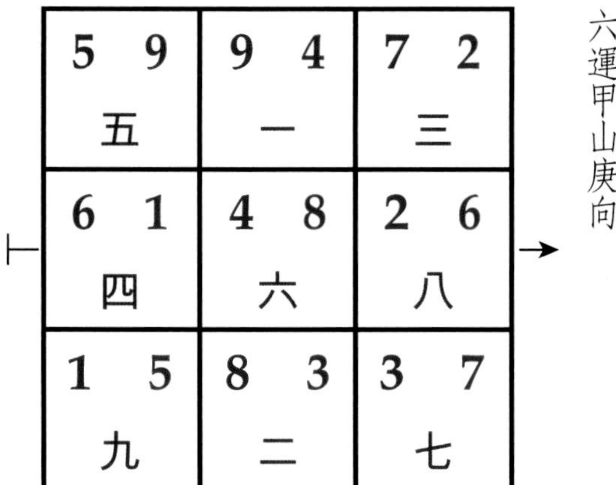

5 9 五	9 4 一	7 2 三
6 1 四	4 8 六	2 6 八
1 5 九	8 3 二	3 7 七

六運甲山庚向

4 8 五	9 3 一	2 1 三
3 9 四	5 7 六	7 5 八
8 4 九	1 2 二	6 6 七

六運巽山艮向

求全不必水來多，一道單纏養太和。

水龍一例

砂飛水走

坐向依三法是平洋就水立穴定向之法。

遠眺太湖

太湖一角

案例十三

【《臨穴指南》原文（頁三十一）】

王御史祖墳　在新塘鄉秦皇山之北　六運　丁山癸向

離方高山貼近，出脈起墩①坤方低窪②，巽卯澗水，流至艮狹細，聚坎出注壬亥方，無朝案亦發。

【白話釋文】

此例六運造墳，立丁山癸向，離方有高山及龍氣落脈，並貼近脈前方頓起一小墩，坤方地勢低窪，於巽卯方有溪澗水流至艮方，於艮方狹細，後聚合於坎，再經壬亥方流出。穴前方無遠朝或近案，但亦可發福。（如圖十四）

①墩：出脈降勢後於平緩處突起的小山崗。

②低窪：勘輿學上高者作山論，低者作水看，山星宜飛到高處，向星宜飛到低處，山向星各飛至其正確位置即為「收山出煞」。

【正言解】

六運丁山癸向為雙星到座局，財星與丁星均飛到穴後方，後方有高山並出脈，山星為當元六白又秉承龍脈旺氣，六運時人丁旺盛應毋庸置疑。而向星六白飛到穴後方即財星上山屬退財之象，但原文並沒提及有退財之應。何解？

為何財星上山，但無退財之應

這例原文只有六句，合共三十五字，而大師章仲山文字簡單，不過內裏應含有更深層次的意義，從《章仲山挨星秘訣》一書應可找出端倪。《章仲山挨星秘訣》中講述的拗馬秘訣有提到六白運一例，舉出坎水一白為催官水，如配離上秀峰力加十倍，無離峰力輕，這與本例最後一句無朝案亦發意思實同出一源。本例巽方坎水即六運的催官水，催官水得巽卯澗水灣環抱穴有情，雖乾宮無離風，故沒有加大十倍之力，但已能有發福之應。這便是無朝案亦發的真意義，望讀者對此兩書宜多咀嚼，方能續發掘先賢字句中的藏意。在這筆者也只能略略透露一下，亦留代課堂上與有緣人再詳細解釋箇中玄妙！

圖十三

2 1 五	6 6 一	4 8 三
3 9 四	1 2 六	8 4 八
7 5 九	5 7 二	9 3 七

王御史祖墳在新塘鄉秦皇山之北　六運丁山癸向

開帳出脈

澗水曲動有情。

案例十四

【《臨穴指南》原文（頁三十五至三十六）】

王姓　六運　丙山壬向

未坤上屋，午丁方小池，卯上澗水，至艮寅聚，從坎上低田內，流至乾方曲消，甲卯乙辰巽巳山環繞，兌大山高聳，木形①，鑿石，山頭形破，丁財稍可，丙氣。余覆其墳，為其言曰，西方有一中年女子，面紫、身長、性燥者，不可與往來，久後必有累。王以為戲言，吾云，非謔言也，此女累在庚申辛酉年可見，此情惟汝自知。王默然。後數年遇見謝曰，幸先生點化，否則定遭其大累。

①木形：山體可分為金、水、木、火、土五形。金形圓、水形平而曲動、木形似筆尖、火形高尖似火焰，土形方正。

【白話釋文】

此墳建於六運，立丙山壬向，未坤方處有住屋，午丁方有小水池，卯方有溪澗水，會聚於艮寅方，坎方有低田，水過低田後流至乾方屈曲彎環，在眼前消失蹤跡而流去。東及東南方有山脈環繞向穴，於兑宮有高聳大山，屬木形，山體高處有人為鑿石、破面之處，丙方來龍（如圖十四）。章氏覆驗此墳，斷其言說，日後西方有一中年女子，面帶紫氣、身高、性情急躁之人，切不可與她交往，日久必被此女子拖累。王氏聽後似作笑話，但章氏再言並非開玩笑，並斷言此女子於庚申、辛酉年時可見其害，到那時最清楚的人便是你自己。王亦只有默然，嘴裏也沒說什麼。數年後章氏再遇見王氏，王氏連忙謝過章氏，並說幸得先生神機點化，否則定遭遇該女子所累。

【正言解】

六運丙山壬向屬雙星到向局，由章氏覆墳，並掐指算出此墳後人於庚申、辛酉年將會碰見一名來自西面中年女子，更描述女子型態面帶紫色、身高及性情急燥等特徵，若與此女子交往，定必遭其拖累。章氏是如何從巒頭理氣中知曉呢？

有坎水有離峰力加十倍

從巒頭上分析王姓後人在六運時，財星飛到低田，財星得時得地，又七赤生氣星落於小池，八白飛到艮寅水聚之處，論王姓財富應可算不差。人丁方面山星六白到低田力弱，幸山星七赤有屋，八白於震宮有山，故七、八運時人丁也不錯。除此之外，此墳亦如上例，按《章仲山挨星秘訣》中拗馬秘訣，取乾宮一白坎水為催官水，配合巽方有離峰，即有坎水有離峰，故力加十倍，因此六運時丁財運應更旺於七、八兩運。

福兮禍所伏

地雖上佳，但亦難十全，如有形煞向穴，亦難逃災害，能否避凶，亦看造化。正如此例，得章氏指點才可化險為夷。筆者亦在此把此災煞一一解說給讀者。先從巒頭說起，後再用理氣斷其應期、人物、特徵等。

巒頭的形煞

西方有破面山型，但凡破壞開鑿後的山形，均屬有凶煞之象。破山於西面故凶煞之象是從西方而來，山體屬木形代表西方而來是一位身材高廋的人。

理氣之判斷

六運丙壬向乃雙星到座，盤中兑宮向星九紫，山星為三碧。九紫代表紫色、中年女子和性情急燥等特徵，而山星三碧於六運為退氣凶星，應佈置三碧於水中才可化其煞氣，現卻飛到西方惡形之山，其凶性更加以彰顯。震亦代表長子，此禍害理應與長房有關連。

如何算應期

兑宮有庚酉辛三山，因此應期於庚、酉、辛和申年出現，天干地支如同時出現時更為應驗，因一八零零年與一八零一年恰好是六運的庚申和辛酉二年，故章氏能準確推算出災劫發生於庚申和辛酉年。這亦是無常派推算應期之法，讀者們應仔細研究，深入理解，靈活變通，記著務必巒理要配合，才能對全局一目了然。

圖十四

9 3 五	5 7 一	7 5 三
8 4 四	1 2 六	3 9 八
4 8 九	6 6 二	2 1 七

王姓　六運丙山壬向

有灣有動龍之活，一轉名為抱穴龍。

木形，山頭形破如案例十四兌方大山。

案例十五

【《臨穴指南》原文（頁三十六）】

盛耀祖　父墳　六運乾山巽向

乙辰巽巳丙午丁未坤水，乾峰乾氣，酉辛峰，艮峰。長房絕，次房有一丁，於七運初年六七八月病，竟至口不能言，手足卷縮。於是年甲子十月改葬戌辰兼辛乙向①，病即愈，口能言，手足亦好也。

①戌辰兼辛乙向：章仲山所用的兼盤作法與沈氏替卦有不同之處，可參考《章仲山挨星秘訣》一書。

【白話釋文】

此墳於六運時造，立乾山巽向，穴前乙辰巽巳丙午丁未坤見水。來龍從乾方來，酉辛及艮均有山峰。（如圖十五），長房絕嗣，次房生一男，於七運初年六七八月間生病，病至口不能言，手足卷縮。是年即甲子年十月改墳向，立戌辰兼辛乙，病即痊愈，口能說話，手足亦活動自如。

【正言解】

此例六運（一七八四至一八零三）間立乾山巽向雙星到座局，坐山有乾峰，龍氣臨穴，但長房絕嗣，次房亦只有一男丁，次房兒子更於七運初甲子年六月生怪病，病至口不能言，手足卷縮，這是何因，應何解析呢？

地盤、運盤與山向星關係

從六運乾山巽向雙星到座之局，配合座後有乾峰乾氣，丁星算是有力，但事實為長房絕，次房亦只有一丁，這樣像是說出巒頭和理氣的配合，有違反了邏輯之嫌。其實章氏在這例是要帶出地盤的重要性。讀者先要明白地盤三碧為長房，而巒頭上震宮見水，不利人丁，而六運山星三碧又恰巧飛臨到離宮見水，又運盤震飛到坤宮，山向星為二黑一白，《玄空秘旨》曰：「腹多水而膨脹。」主宅母多病而不能生育，因而長房絕嗣。而次房只有一丁，是由於運盤山星八白飛到巽宮落水，但幸好地盤山星八白得艮宮有峰有力，又運盤艮飛到兑宮得酉辛峰助力，故能出一名男丁。這例章氏雖沒有詳述，惟古人云：讀書須用意，一字值千金。又云：讀書貴心領而神會，讀者多番细味，必能洞悉箇中奧妙。

為何口不能言，手足卷縮之應

次子在七運初年，由於六運山星退氣，由吉轉凶再加上兌宮有五黃七赤相遇，《飛星賦》曰：「紫、黃毒藥，鄰宮兌口休嘗。」因而有口不能言，手足卷縮之應。又兌宮有庚酉辛三山，甲子年六七八月是辛未月、壬申月和癸酉月與兌宮三山相應而發禍。另一重點是七運山星入囚，如不及時遷葬，恐難保嗣業。恰好甲子年於乙亥月改葬戌辰兼辛乙向，戌辰兼辛乙向於七運為到山到向吉局，得巒頭理氣配合，怪病亦不治而愈。

圖十五

盛耀祖父墳
六運乾山巽向

8 4 五	3 9 一	1 2 三
9 3 四	7 5 六	5 7 八
4 8 九	2 1 二	6 6 七

七運改葬戌辰兼辛乙

9 7 六	4 2 二	2 9 四
1 8 五	8 6 七	6 4 九
5 3 一	3 1 三	7 5 八

穴後有乾峰落脈，氣自從乾方而來

巨門星峰出脈，葬後主發富

案例十六

【《臨穴指南》原文（頁四十）】

彭　陽宅六運　癸山丁向

兩間一廨①，五進。午丁壩，水響，從坤轉庚酉闊大，辛戌方消出。離竈②，丁財大妙，多頭眩病。

①廨：廨的意思是每一進內的佔地面積。
②竈：即廚房內的灶。

【白話釋文】

此例是一間五進大宅，每進有兩間，宅前午丁方有水壩，水聲響亮，流水再從坤轉至庚酉方變闊大後於辛戌方消出。（如圖十六），灶於宅中離方，住後旺丁旺財，但多頭眩之病。

【正言解】

彭家陽宅於六運建成，是一座五進大宅，每進均有兩間房屋，座向為癸山丁向。彭氏居住後丁財大旺，但居住宅中的人多患頭眩之病。從巒頭理氣來論，應如何解釋呢？

以灶催丁法竅

此宅為雙星到向局，離宮有吉星六白到向，巒頭在離方有堤壩水聚配合，因而財運大發。而家中灶於南方，離動氣對應坎宮，即天地交媾之象，此法竅乃可達趨丁之效，故使宅中人丁旺盛。

頭眩之病

至於頭痛之病乃因山星六白受壩水水聲響亮所引致，乾對應身體部位為頭。而午丁方水聲響亮即帶煞氣主病，因而宅中常多頭眩之病。此亦是巒頭與理氣相配之例證。

圖十六

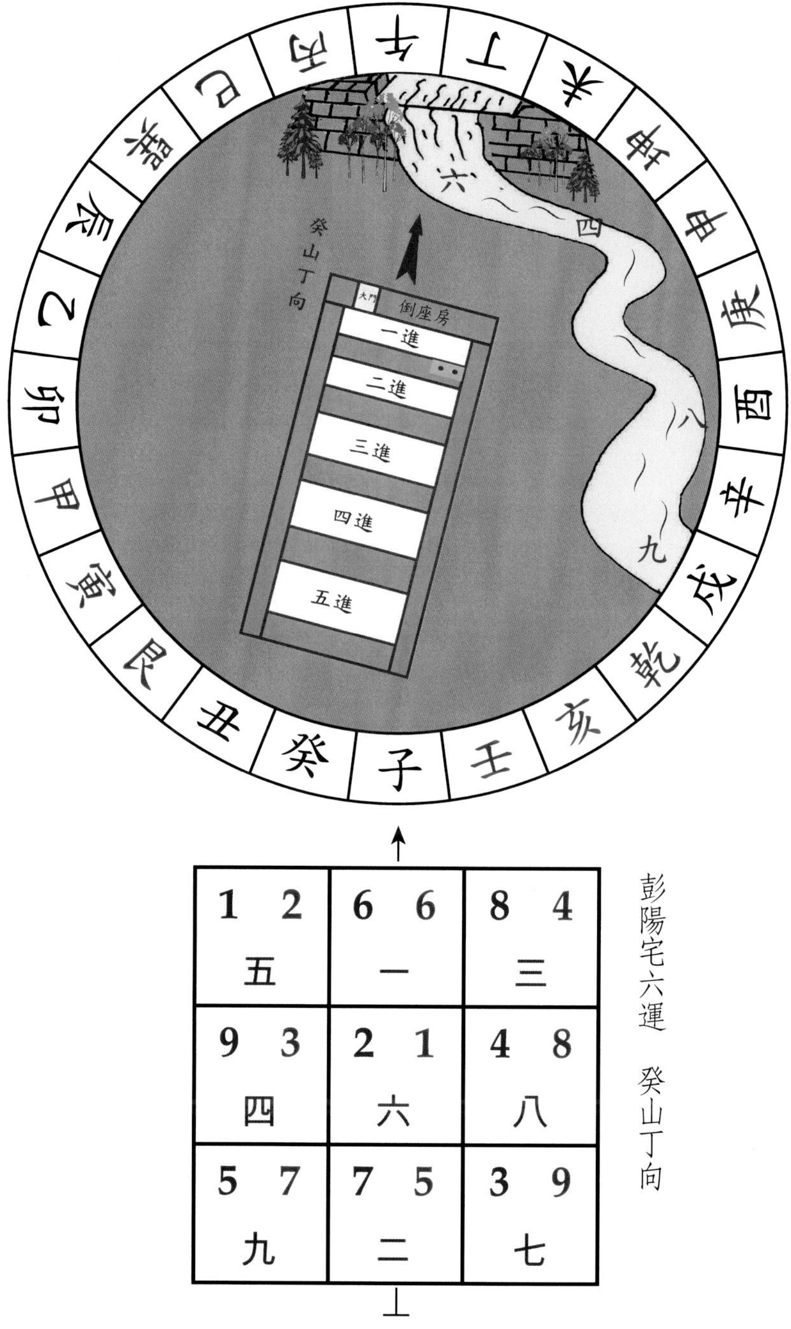

1 2 五	6 6 一	8 4 三
9 3 四	2 1 六	4 8 八
5 7 九	7 5 二	3 9 七

彭陽宅六運　癸山丁向

水聲響亮，主凶。

住屋週圍忌有水聲，水聲越大形煞越凶。

屋旁窗邊有水聲，形煞相應於屋內此宮位。

案例十七

【《臨穴指南》原文（頁四十）】

周　陽宅六運　癸山丁向

第一廂一間，二廂兩間，三廂靠東一間靠西一間，中空地一塊，有井一口，第四進三間，五廂三間，出神童。

【白話釋文】

周氏陽宅六運造，坐癸山丁向，此宅是一座五進大宅，第一進有房屋一間，第二和第三進各有房屋兩間。第三進靠東有一房屋，又靠西有一房屋，另中間有一塊空地，內有井一口。第四進和第五進各有房屋三間。（如圖十七），按原文所説，此宅有出神童之事。

【正言解】

周氏陽宅六運建造立癸丁向，按元運是雙星到向之局，文中重點說出宅中曾經出了神童，原因在何呢？

出神童之應

此例重點在於宅中一口井，六運癸山丁向，向星一白飛到中宮本為入囚，入囚即破敗的意思，一白地盤為坎方屬水，水主智入囚本無所作為，但因宅中中宮位置有一口井並常動，動水即帶生氣之象，陽光直照井中使水氣上升，再與中天交溝，即有既濟之應，有這自然現象本為入囚實也囚不住，天盤一白與離宮山向星六白相應，再遇歲運相配，即能出神童之應。《玄空秘旨》曰：「虛聯奎壁，啟八代之文章。」

圖十七

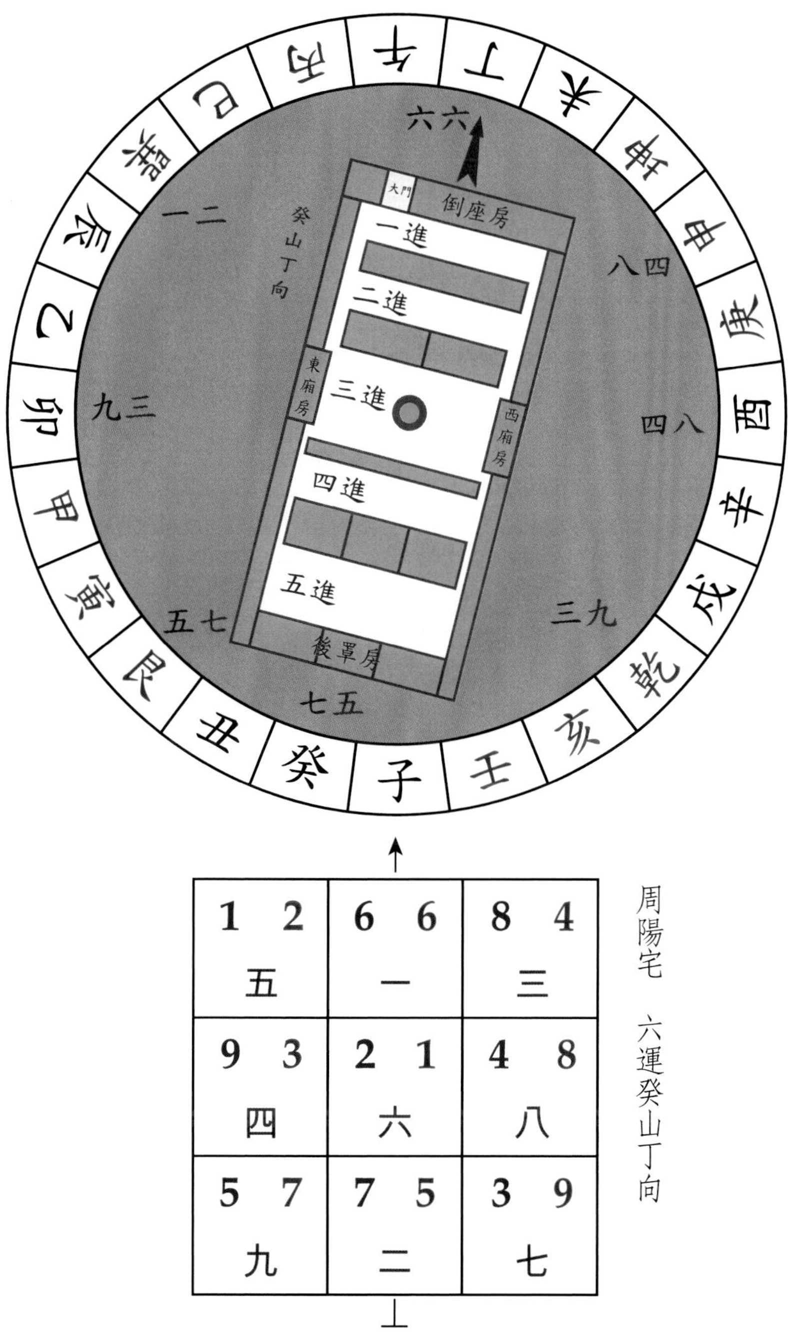

1 2 五	6 6 一	8 4 三
9 3 四	2 1 六	4 8 八
5 7 九	7 5 二	3 9 七

周陽宅　六運癸山丁向

宅中有井一口，出神童。

五進大宅正大門。

照壁於四合院正門前。

山管人丁水管財，如丁星落水亦主凶象。

反弓水加水響形煞更什。

四合院內一角

第五進內一景

進入大門後是一進範圍。

四合院內之廂房外觀。

大型四合院，院中建有大型水池。

案例十八

【《臨穴指南》原文（頁四十一）】

陽宅六運　坤山艮向

艮水，卯屋，言其丁財好，病該腹中有塊。若家中養牛，必被牛撞，一一皆准，何也？為卯上屋脊相沖故也，二為坤，坤為腹為牛，卯上有屋脊相沖，能無然乎。

【白話釋文】

此例陽宅建於六運，坐坤向艮，屋前艮方有水。在卯方有屋，章氏斷言該宅財丁尚可，但宅中人有腹中硬塊之病，如家中有養牛，更被牛撞，推算一一皆准，為何有此應驗，原因為卯方有屋脊沖向宅中震宮，二為坤宮，坤在身體代表腹，五畜代表牛，因卯方屋脊相沖故必有此應。（如圖十八）

【正言解】

此宅六運坤山艮向，是到山到向吉局，宅前方有水，巒頭理氣配合，故言其丁財不俗。

二五交加必傷主

惜卯方有屋脊相沖於震方，而震宮內有二黑五黃災星，災星二五於六運為衰死之氣，二為坤，坤代表宅母，腹部和牛等的意思，再相應巒頭上有屋脊相沖，激發煞氣不利宅中人丁，章氏據此斷出該宅有人患腹中有塊之病，又如家中有養牛，亦會有被牛撞之禍，章氏推算經驗證，亦一一皆准，此例亦給後學者多一個巒頭與理氣配合吉凶的準則。

圖十八

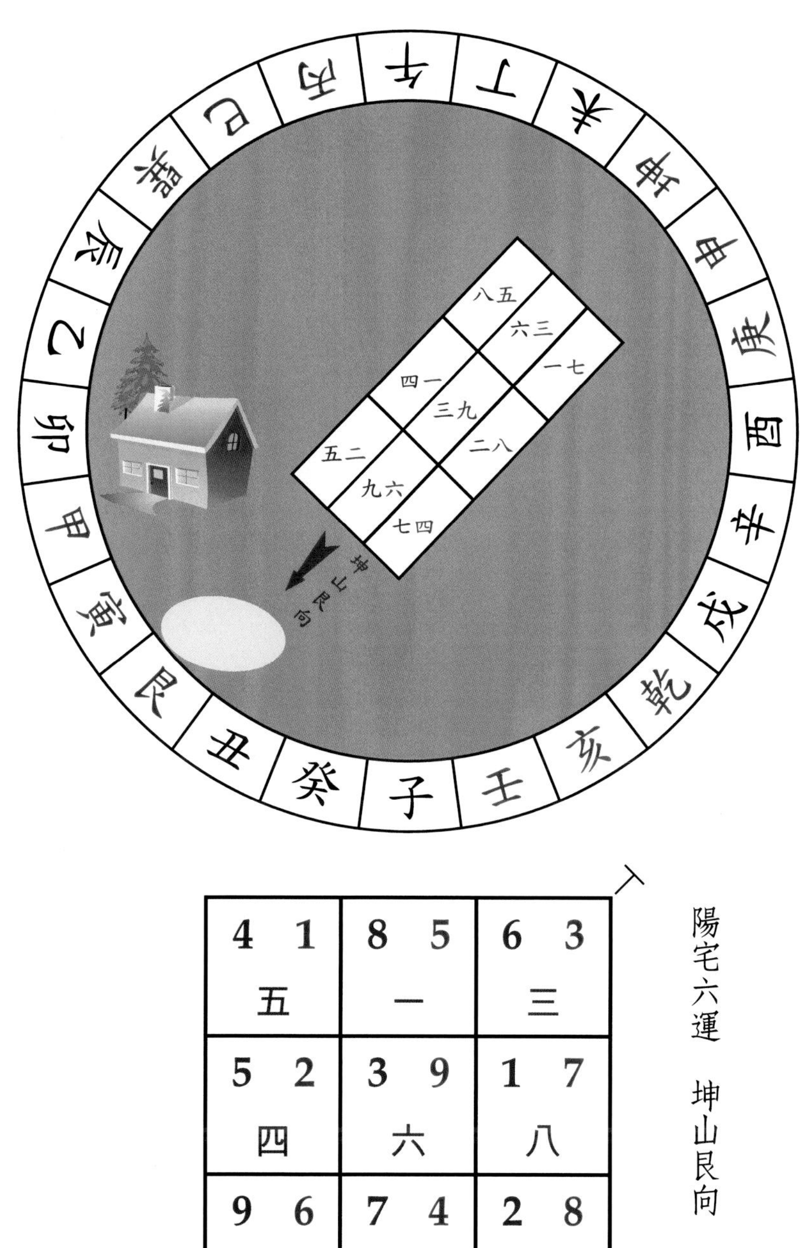

4 1 五	8 5 一	6 3 三
5 2 四	3 9 六	1 7 八
9 6 九	7 4 二	2 8 七

陽宅六運　坤山艮向

三進四合院正大門。

三進四合院外觀。

梁正言老師無常派玄空風水課程（心一堂主辦）

【天元五歌—陽宅篇】

風水師必修課程

・講解陽宅對人的影響，如何選擇理想住屋。
・教你掌握屋內外之形煞。
・如何斷出宅內各門，如大門、房門和後門與住宅之配合。
・分析住宅周圍的馬路，對宅中各人運程影響。內路與外路的關係。
・城市中高樓大廈林立，解說樓宇之間嶠風對吉凶影響。
・深入淺出講述陰陽二宅擇地心法。
・講解九星層間，一般偽法。
・三元羅庚量度方法實踐，
・世事發生必與時空有關聯，講解應期計算法則。
・真實案例分享研習，讓學員更深入了解風水學的運用。

【無常派玄空風水實踐】

本課程將深入淺出教授無常派玄空風水，以古籍為依歸，從多角度復原玄空風水真貌，讓學員以最短時間掌握玄空風水心得，教你如何揀選風水樓，再配合周圍環境來佈局，達到趨吉避凶的效果。本課程理論與實踐並重，務使學員能活學活用。

・介紹中國龍脈分佈，概述香港山脈走勢，以大量圖片輔助，使學員更容易了解。
・掌握巒頭基本功夫－青龍、白虎、朱雀、玄武、橫龍、直龍、迴龍、落脈，結穴，開帳、過峽、太祖山、少祖山、父母山等等。
・介紹先天八卦、後天八卦、干支、二十四山、河圖、洛書、九宮。
・理氣：飛星排盤，大小三元運，旺生衰死。
・地盤、運盤和雙星斷事法則
・揭露風水秘密心法：局與向、運與向、城門訣運用、命卦相配、收山出煞、趨吉避凶法。
・定座向是風水入門的第一步，所謂「一子錯滿盤皆落索。」，重點闡述如何定出局向、宅向、屋向、門向等重要功夫。
・認識三元羅庚基本量度方法：，立極尺和魯班尺運用：，介紹網上羅盤使用方法。
・講解住屋宅型：鑽石型、圓型、正方型、長方型、L型、缺角型、村屋等。
・如何準確判斷及運用趨旺法，加強財運、事業、桃花、文昌、健康、名譽、地位等運勢。
・實例研習，讓學員更深入了解風水學的運用，掌握趨吉避凶竅門。

【無常派玄空風水深造】

本課程乃無常派玄空風水實踐班之延，課程以古籍與現今案例作詳細分析，深入淺出，拆解古人隱而不發之真義，研習古籍包括有玄空古義四種通釋，臨穴指南，宅運新案，天元五歌，地理千金賦等等；本課程巒頭與理氣並重，再配合戶外風水實習，讓學生更能加深了解，使斷事更容易及確。

【《臨穴指南》理論實踐班】

本課程乃無常派玄空風水實踐班之延，課程以古籍與現今案例作詳細分析，深入淺出，拆解古人隱而不發之真義，研習古籍包括有玄空古義四種通釋，臨穴指南，宅運新案，天元五歌，地理千金賦等等；本課程巒頭與理氣並重，再配合戶外風水實習，讓學生更能加深了解，使斷事更容易及確。

心一堂其他課程：易學・術數・養生・太極拳

易學、易占	實用象數易六爻占卜基礎、進階	愚人老師（《增刪卜易之六爻古今分析》作者）	本課程介紹象數易六爻占卜基礎。深入淺出。除理論外，配以六爻占卜實際操作及解卦方法。
	六爻入門、深造、《增刪卜易》理論研討	李凡丁老師（《全本校註增刪卜易》作者）	以《增刪卜易》為經，民間六爻為緯，分易占思維、基礎點竅、事理取用、卦爻結構、作用順序、象法初階等幾方面進行講解。首次公開六爻『流動、卦陣、虛實』三大理論
八字命理	峨眉宗八字命理學及修煉用神（改善運程）	峨眉臨濟宗掌門傅偉中老師指定導師	快速準確掌握八字用神。不單可以通過八字命理「知命」，更可以通過峨眉臨濟宗傳承的獨有修煉用神方法改善運程。
紫微斗數	紫微斗數初班	潘國森老師（《斗數詳批蔣介石》、《潘國森斗數教程》系列作者）	・簡介陰陽五行、星命學、曆法。 ・斗數基礎與局限。命盤十二宮。 ・十四正曜，十四助曜，十干四化，八十雜曜等性質。 ・命格、大運、流年。名人命例。
	紫微斗數高班		十四正曜性質之變化，南北斗中天主星之性質。命身宮與格局，大運流年影響。六親宮位的推斷原則。一百四十四格與十干四化之交涉。以名人命例作教材。並指導學員撰寫簡單批書。
風水	廖氏家傳玄命風水學面授課程（入門班、中級班、高級班）	江西廖氏家傳玄命風水三十七代傳人廖民生老師	本課程系統教授江西興國三僚廖氏過去單傳的風水，包括形勢（巒頭）、理氣的不同用法：〈玄關訣〉、〈斗秘訣〉、〈楊公鎮山訣〉、〈些子訣〉、〈三陽六秀訣〉、〈三合訣〉、〈小玄空訣〉、〈大玄空訣〉……以及擇日等；準確率高達96%以上。
	玄空風水實用初班	李泗達老師（《玄空風水心得》（一）（二）作者）	科學設計課程，深入淺出，一針見血，快速有效。風水基本知識，室內外巒頭，常見風水煞及化解法，元運，量天尺，排山掌訣，玄空飛星盤，四大格局初探，五行擇日，九星初探，簡易斷事，流年風水佈局
	玄空風水高級課程		四大格局精義，合十格局，反伏吟，三般卦，七星打劫，城門訣，兼卦，流年催財訣，流年催桃花訣，流年催官訣
八字命理	八字命理學	段子昱老師（《命理學教材》作者）	從初學、中級到高級，旨在幫助學者瞭解一些命理學所需的基本概念和推算的基本法則，以至於流年吉凶、窮通夭壽。其中八字命理的根本性原理、法則都是經過實踐證明有用、可用的——這些都是先賢發明、今人應該繼承的命學法則。

養生	峨眉十二莊養生功	峨眉臨濟宗掌門傅偉中老師指定導師	博大精深、融匯中醫、氣功、武學、禪修等功法，千錘百鍊，由淺入深。十二莊分別稱為『天、地、之、心、龍、鶴、風、雲、大、小、幽、明（冥）。』十二莊還分為文武兩勢和大小煉形法，根據人身經絡氣脈的順暢程度，運用不同的架勢方法進行鍛煉。益處包括：強健機能，保持悅樂。對各種慢性疾病具有神奇的療理保健作用。習武練功者可迅速加深功境。堅持修煉，可證禪無我境界，身心離苦，得生活藝術大自在。
太極拳、太極內功	汪永泉楊氏太極拳（老六路）內功、行功與揉手	汪永泉傳楊氏太極拳研究會會長	太極拳內練的功法。過去多是秘傳，知者甚少。根據楊建侯宗師再傳弟子汪永泉先生傳承的講法『內功太極拳（老六路），其獨特之處，不僅在招式，當中有動有靜，著重內功。根據行者的年齡、身體情況、練習招或術、養生或技擊等，姿勢可以大或小，高或低，快或慢……太極拳本無特定之招式，為教學之故，非不得已通過招式、套路、推手（揉手）、器械等去掌握內功與外形的配合、陰陽動靜等。』

報名、查詢：心一堂

電話：（八五二）六七一五〇八四〇
地址：香港九龍旺角西洋菜街南街5號 好望角大廈1003室
電郵：sunyatabook@gmail.com
網址：http://institute.sunyata.cc
Facebook: www.facebook.com/sunyatabook

心一堂術數古籍珍本叢刊　第一輯書目

編號	書名	作者	說明
占筮類			
1	擲地金聲搜精秘訣	心一堂編	沈氏研易樓藏稀見易占秘鈔本
2	卜易拆字秘傳百日通	心一堂編	
3	易占陽宅六十四卦秘斷	心一堂編	火珠林占陽宅風水秘鈔本
星命類			
4	斗數宣微	【民國】王裁珊	民初最重要斗數著述之一；未刪改本
5	斗數觀測錄	【民國】王裁珊	失傳民初斗數重要著作
6	《地星會源》《斗數綱要》合刊	心一堂編	失傳的第三種飛星斗數
7	《斗數秘鈔》《紫微斗數之捷徑》合刊	心一堂編	珍稀「紫微斗數」舊鈔秘本
8	斗數演例	心一堂編	
9	紫微斗數全書（清初刻原本）	題【宋】陳希夷	斗數全書本來面目；有別於錯誤極多的坊本
10－12	鐵板神數（清刻足本）——附秘鈔密碼表	題【宋】邵雍	無錯漏原版秘鈔密碼表　首次公開！
13－15	蠢子數纏度	題【宋】邵雍	蠢子數連密碼表　打破數百年秘傳　首次公開！
16－19	皇極數	題【宋】邵雍	清鈔孤本附起例及完整密碼表　研究神數必讀！
20－21	邵夫子先天神數	題【宋】邵雍	附手鈔密碼表　研究神數必讀！
22	八刻分經定數（密碼表）	題【宋】邵雍	皇極數另一版本；附手鈔密碼表
23	新命理探原	【民國】袁樹珊	子平命理必讀教科書！
24－25	袁氏命譜	【民國】袁樹珊	
26	韋氏命學講義	【民國】韋千里	民初二大命理家南袁北韋
27	千里命稿	【民國】韋千里	
28	精選命理約言	【民國】韋千里	北韋之命理經典
29	滴天髓闡微——附李雨田命理初學捷徑	【民國】袁樹珊、李雨田	命理經典未刪改足本
30	段氏白話命學綱要	【民國】段方	民初命理經典最淺白易懂
31	命理用神精華	【民國】王心田	學命理者之寶鏡

編號	書名	作者	備註
32	命學探驪集	【民國】張巢雲	發前人所未發 稀見民初子平命理著作
33	澹園命談	【民國】高澹園	
34	算命一讀通——鴻福齊天	【民國】不空居士、覺先居士合纂	
35	子平玄理	【民國】施惕君	
36	星命風水秘傳百日通	心一堂編	
37	命理大四字金前定	題【晉】鬼谷子王詡	源自元代算命術
38	命理斷語義理源深	心一堂編	稀見清代批命斷語及活套
39－40	文武星案	【明】陸位	失傳四百年《張果星宗》姊妹篇 千多星盤命例 研究命學必備
相術類			
41	新相人學講義	【民國】楊叔和	失傳民初白話文相術書
42	手相學淺說	【民國】黃龍	民初中西結合手相學經典
43	大清相法	心一堂編	重現失傳經典相書
44	相法易知	心一堂編	
45	相法秘傳百日通	心一堂編	
堪輿類			
46	靈城精義箋	【清】沈竹礽	沈氏玄空遺珍 玄空風水必讀
47	地理辨正抉要	【清】沈竹礽	
48	《玄空古義四種通釋》《地理疑義答問》合刊	沈瓞民	
49	《沈氏玄空吹虀室雜存》《玄空捷訣》合刊	【民國】申聽禪	
50	漢鏡齋堪輿小識	【民國】查國珍、沈瓞民	
51	堪輿一覽	【清】孫竹田	失傳已久的無常派玄空經典
52	章仲山挨星秘訣（修定版）	【清】章仲山	章仲山無常派玄空珍秘 門內秘本首次公開 沈竹礽等大師尋覓一生未得之珍本！
53	臨穴指南	【清】章仲山	
54	章仲山宅案附無常派玄空秘要	心一堂編	
55	地理辨正補	【清】朱小鶴	玄空六派蘇州派代表作
56	陽宅覺元氏新書	【清】元祝垚	簡易・有效・神驗之玄空陽宅法
57	地學鐵骨秘 附 吳師青藏命理大易數	【民國】吳師青	釋玄空廣東派地學之秘
58－61	四秘全書十二種（清刻原本）	【清】尹一勺	玄空湘楚派經典本來面目 有別於錯誤極多的坊本

62	地理辨正補註 附 元空秘旨 天元五歌 玄空精髓 心法秘訣等數種合刊	【民國】胡仲言	貫通易理、巒頭、三元、三合、天星、中醫
63	地理辨正自解	【清】李思白	公開玄空家「分率尺、工部尺、量天尺」之秘
64	許氏地理辨正釋義	【民國】許錦灝	民國易學名家黃元炳力薦
65	地理辨正天玉經內傳要訣圖解	【清】程懷榮	秘訣一語道破，圖文并茂
66	謝氏地理書	【民國】謝復	玄空體用兼備、深入淺出
67	論山水元運易理斷驗、三元氣運說附紫白訣等五種合刊	【宋】吳景鸞等	失傳古本《玄空秘旨》《紫白訣》
68	星卦奧義圖訣	【清】施安仁	
69	三元地學秘傳	【清】何文源	
70	三元玄空挨星四十八局圖說	心一堂編	三元玄空門內秘笈 清鈔孤本 過去均為必須守秘不能公開秘密 與今天流行飛星法不同
71	三元挨星秘訣仙傳	心一堂編	
72	三元地理正傳	心一堂編	
73	三元天心正運	心一堂編	
74	元空紫白陽宅秘旨	心一堂編	
75	玄空挨星秘圖 附 堪輿指迷	心一堂編	
76	姚氏地理辨正圖說 附 地理九星并挨星真訣全圖 秘傳河圖精義等數種合刊	【清】姚文田等	
77	元空法鑑批點本——附 法鑑口授訣要、秘傳玄空三鑑奧義匯鈔 合刊	【清】曾懷玉等	蓮池心法 玄空六法 門內秘鈔本首次公開
78	元空法鑑心法	【清】曾懷玉等	
79	蔣徒傳天玉經補註	【清】項木林、曾懷玉	
80	地理學新義	【民國】俞仁宇撰	
81	地理辨正揭隱(足本) 附連城派秘鈔口訣	【民國】王邈達	揭開連城派風水之秘
82	趙連城傳地理秘訣附雪庵和尚字字金	【明】趙連城	
83	趙連城秘傳楊公地理真訣	【明】趙連城	
84	地理法門全書	仗溪子、芝罘子	巒頭風水，內容簡核、深入淺出
85	地理方外別傳	【清】熙齋上人	巒頭形勢、「望氣」「鑑神」
86	地理輯要	【清】余鵬	集地理經典之精要
87	地理秘珍	【清】錫九氏	巒頭、三合天星，圖文並茂
88	《羅經舉要》附《附三合天機秘訣》	【清】賈長吉	清鈔孤本羅經、三合訣法圖解
89–90	嚴陵張九儀增釋地理琢玉斧巒	【清】張九儀	清初三合風水名家張九儀經典清刻原本！

編號	書名	作者	說明
91	地學形勢摘要	心一堂編	形家秘鈔珍本
92	《平洋地理入門》《巒頭圖解》合刊	【清】盧崇台	平洋水法、形家秘本
93	《鑒水極玄經》《秘授水法》合刊	【唐】司馬頭陀、【清】鮑湘襟	千古之秘，不可妄傳匪人
94	平洋地理闡秘	心一堂編	雲間三元平洋形法秘鈔珍本
95	地經圖說	【清】余九皋	形勢理氣、精繪圖文
96	司馬頭陀地鉗	【唐】司馬頭陀	流傳極稀《地鉗》
97	欽天監地理醒世切要辨論	【清】欽天監	公開清代皇室御用風水真本
三式類			
98-99	大六壬尋源二種	【清】張純照	六壬入門、占課指南
100	六壬教科六壬鑰	【民國】蔣問天	由淺入深，首尾悉備
101	壬課總訣	心一堂編	
102	六壬秘斷	心一堂編	過去術家不外傳的珍稀六壬術秘鈔本
103	大六壬類闡	心一堂編	
104	六壬秘笈——韋千里占卜講義	【民國】韋千里	六壬入門必備
105	壬學述古	【民國】曹仁麟	依法占之，「無不神驗」
106	奇門揭要	心一堂編	集「法奇門」、「術奇門」精要
107	奇門行軍要略	【清】劉文瀾	條理清晰、簡明易用
108	奇門大宗直旨	劉毗	
109	奇門三奇干支神應	馮繼明	天下孤本 首次公開
110	奇門仙機	題【漢】張子房	虛白廬藏本《秘藏遁甲天機》
111	奇門心法秘纂	題【漢】韓信（淮陰侯）	奇門不傳之秘 應驗如神
112	奇門廬中闡秘	題【三國】諸葛武侯註	
選擇類			
113-114	儀度六壬選日要訣	【清】張九儀	清初三合風水名家張九儀擇日秘傳
115	天元選擇辨正	【清】一園主人	釋蔣大鴻天元選擇法
其他類			
116	述卜筮星相學	【民國】袁樹珊	民初二大命理家南袁北韋
117-120	中國歷代卜人傳	【民國】袁樹珊	南袁之術數經典